ترجمہ مفہوم القرآن

جلد چہارم: سورۃ شوریٰ تا سورۃ الناس

رفعت اعجاز

مرتبہ: اعجاز عبید

© Taemeer Publications LLC

Tarjuma Mafhoomul Quran : Part-4 *(Quran Translation)*
by: Rif'at Aijaz
Edition: March '2025
Publisher :
Taemeer Publications LLC (Michigan, USA / Hyderabad, India)

ISBN 978-93-6908-260-5
9 789369 082605

مصنف یاناشر کی پیشگی اجازت کے بغیر اس کتاب کا کوئی بھی حصہ کسی بھی شکل میں بشمول ویب سائٹ پر
اَپ لوڈنگ کے لیے استعمال نہ کیا جائے۔ نیز اس کتاب پر کسی بھی قسم کے تنازع کو نمٹانے کا اختیار
صرف حیدرآباد (تلنگانہ) کی عدلیہ کو ہو گا۔

© تعمیر پبلی کیشنز

کتاب	:	**ترجمہ مفہوم القرآن** (حصہ :4)
مصنف	:	**رفعت اعجاز**
تدوین/ترتیب	:	اعجاز عبید
صنف	:	مذہب
ناشر	:	تعمیر پبلی کیشنز (حیدرآباد، انڈیا)
سالِ اشاعت	:	۲۰۲۵ء
صفحات	:	۲۵۸
سرورق ڈیزائن	:	تعمیر ویب ڈیزائن

مفہوم القرآن .....جلد چہارم

سورۃ شوریٰ تا سورۃ الناس

فہرست

۴۲۔ سورۃ شوریٰ 7

۴۳۔ سورۃ زخرف 17

۴۴۔ سورۃ الدخّان 28

۴۵۔ سورۃ الجاثیہ 33

1

٤٦ـ سورة الأحقاف	39
٤٧ـ سورة محمد	46
٤٨ـ سورة الفتح	53
٤٩ـ سورة الحجرات	59
٥٠ـ سورة ق	63
٥١ـ سورة الذاريات	68
٥٢ـ سورة الطور	74
٥٣ـ سورة النجم	79
٥٤ـ سورة القمر	85
٥٥ـ سورة الرحمن	90
٥٦ـ سورة الواقعة	96
٥٧ـ سورة الحديد	103
٥٨ـ المجادلة	109
٥٩ـ سورة الحشر	114
٦٠ـ سورة الممتحنة	119

٦١ - سورة الصف	....	123
٦٢ - سورة الجمعة	....	126
٦٣ - سورة المنافقون	....	128
٦٤ - سورة التغابن	....	130
٦٥ - سورة الطلاق	....	133
٦٦ - سورة التحريم	....	136
٦٧ - سورة الملك	....	139
٦٨ - سورة القلم	....	144
٦٩ - سورة الحاقة	....	149
٧٠ - سورة المعارج	....	154
٧١ - سورة نوح	....	158
٧٢ - سورة الجن	....	162
٧٣ - سورة المزمل	....	166
٧٤ - سورة المدثر	....	169
٧٥ - سورة القيامة	....	174

178	٧٦- سورة الإنسان	
182	٧٧- سورة المرسلات	
186	٧٨- سورة النبأ	
190	٧٩- سورة النازعات	
194	٨٠- سورة عبس	
198	٨١- سورة التكوير	
201	٨٢- سورة الانفطار	
203	٨٣- سورة المطففين	
206	٨٤- سورة الانشقاق	
209	٨٥- سورة البروج	
212	٨٦- سورة الطارق	
214	٨٧- سورة الأعلى	
216	٨٨- سورة الغاشية	
219	٨٩- سورة الفجر	
222	٩٠- سورة البلد	

٩١ ـ سورة الشمس	224
٩٢ ـ سورة الليل	226
٩٣ ـ سورة الضحى	228
٩٤ ـ سورة الشرح/الانشراح	230
٩٥ ـ سورة التين	231
٩٦ ـ سورة العلق	232
٩٧ ـ سورة القدر	234
٩٨ ـ سورة البينة	235
٩٩ ـ سورة الزلزلة	237
١٠٠ ـ سورة العاديات	238
١٠١ ـ سورة القارعة	240
١٠٢ ـ سورة التكاثر	241
١٠٣ ـ سورة العصر	242
١٠٤ ـ سورة الهمزة	243
١٠٥ ـ سورة الفيل	244

245	١٠٥ـ سورة القريش
246	١٠٦ـ سورة الماعون
247	١٠٨ـ سورة الكوثر
248	١٠٩ـ سورة الكافرون
249	١١٠ـ سورة النصر
250	١١١ـ سورة لهب/المسد
251	١١٢ـ سورة الاخلاص
252	١١٣ـ سورة الفلق
253	١١٤ـ سورة الناس

۴۲۔ سورۃ شوریٰ

۱. حٰمٓ۔

۲. عٓسٓقٓ۔

۳. اللہ غالب، دانا اسی طرح تمہاری طرف اور تم سے پہلے لوگوں کی طرف وحی بھیجتا رہا ہے۔

۴. جو کچھ آسمانوں اور جو کچھ زمین میں ہے سب اسی کا ہے وہ بلند مرتبہ رکھنے والا اور سب سے بڑا ہے۔

۵. قریب ہے کہ آسمان اوپر سے پھٹ پڑیں اور فرشتے اپنے رب کی تعریف کے ساتھ اس کی تسبیح کرتے رہتے ہیں اور جو لوگ زمین میں ہیں ان کے لیے معافی مانگتے رہتے ہیں سن لو کہ اللہ بخشنے والا مہربان ہے۔

۶. اور جن لوگوں نے اس کے سوا رفیق بنا رکھے ہیں اللہ کو وہ سب یاد ہیں اور آپ ان کے ذمہ دار نہیں ہیں۔

۷۔ اور اسی طرح تمہارے پاس قرآن عربی میں بھیجا ہے تاکہ تم بڑے گاؤں یعنی مکہ کے رہنے والوں کو اور جو اس کے ارد گرد رہتے ہیں ان کو رستہ دکھاؤ اور ان کو قیامت کے دن کا بھی جس میں کوئی شک نہیں خوف دلاؤ۔ اس روز ایک فریق بہشت میں ہوگا اور ایک فریق دوزخ میں ہوگا۔

۸۔ اور اگر اللہ چاہتا تو ان کو ایک ہی جماعت کر دیتا لیکن وہ جس کو چاہتا ہے (یعنی جو خود چاہتا ہے اسے ہدایت دیتا ہے) اپنی رحمت میں داخل کر لیتا ہے اور ظالموں کا نہ کوئی دوست ہے نہ مددگار۔

۹۔ کیا انہوں نے اس کے سوا کارساز بنائے ہیں؟ کارساز تو اللہ ہی ہے اور وہی مردوں کو زندہ کرے گا اور وہ ہر چیز پر قدرت رکھتا ہے

۱۰۔ اور تم جس بات میں اختلاف کرتے ہو اس کا فیصلہ اللہ کی طرف سے ہوگا یہی اللہ میرا پروردگار ہے میں اسی پر بھروسہ رکھتا ہوں اور اسی کی طرف رجوع کرتا ہوں۔

۱۱۔ آسمانوں اور زمین کا پیدا کرنے والا وہی ہے اسی نے تمہارے لیے تمہاری ہی جنس کے جوڑے بنائے اور چارپایوں کے بھی جوڑے بنائے اور اسی طرح تم کو پھیلاتا رہتا ہے۔ اس جیسی کوئی چیز نہیں اور وہ سنتا دیکھتا ہے۔

۱۲۔ آسمانوں اور زمین کی کنجیاں اسی کے ہاتھ میں ہیں وہ جس کے لیے چاہتا ہے رزق فراخ کر دیتا ہے اور جس کے لیے چاہتا ہے تنگ کر دیتا ہے۔ بیشک وہ ہر چیز سے واقف ہے۔

۱۳۔ اس نے تمہارے لیے دین کا وہی رستہ مقرر کیا ہے جس کے اختیار کرنے کا نوحؑ کو حکم دیا تھا اور جس کی، اے محمدﷺ، ہم نے تمہاری طرف وحی بھیجی ہے اور جس کا ابراہیمؑ، موسیٰؑ اور عیسیٰؑ کو حکم دیا تھا اور وہ یہ تھا کہ دین کو قائم رکھنا اور اس میں پھوٹ نہ ڈالنا، جس بات کی طرف تم مشرکوں کو بلاتے ہو وہ ان کو دشوار گزرتی ہے۔ اللہ جس کو چاہتا ہے اپنی بارگاہ کا برگزیدہ کر لیتا ہے اور جو اس کی طرف رجوع کرے اسے اپنی طرف رستہ دکھا دیتا ہے۔

۱۴۔ اور یہ لوگ جو الگ الگ ہوئے ہیں تو یہ حق کے علم کے آ چکنے کے بعد آپس کی ضد سے ہوئے ہیں اور اگر تمہارے رب کی طرف سے ایک مقررہ وقت تک کے لیے بات ٹھہر نہ چکی ہوتی تو ان میں فیصلہ کر دیا جاتا اور جو لوگ ان کے بعد اللہ کی کتاب کے وارث ہوئے وہ اس کی طرف سے شبہ کی الجھن میں پھنسے ہوئے ہیں۔

۱۵۔ تو اے محمد اسی دین کی طرف لوگوں کو بلاتے رہنا اور جیسا تم کو حکم دیا گیا ہے اسی پر قائم رہنا اور ان کی خواہشوں کی پیروی نہ کرنا اور کہہ دو کہ جو کتاب اللہ نے نازل فرمائی ہے میں اس پر ایمان رکھتا ہوں اور مجھے حکم ہوا ہے کہ تم میں انصاف کروں۔ اللہ ہی ہمارا اور

تمہارا رب ہے ہم کو ہمارے اعمال کا بدلہ ملے گا اور تم کو تمہارے اعمال کا، ہم میں اور تم میں کچھ بحث و تکرار نہیں۔ اللہ ہم سب کو اکٹھا کرے گا اور اسی کی طرف لوٹ کر جانا ہے۔

۱۶۔ اور جو لوگ اللہ کے بارے میں اس کے بعد کہ مومنوں نے اس کو مان لیا ہے جھگڑتے ہیں تو ان کے رب کے نزدیک ان کا جھگڑا لغو ہے۔ ان پر اللہ کا غضب اور ان کے لیے سخت عذاب ہے۔

۱۷۔ اللہ ہی تو ہے جس نے سچائی کے ساتھ کتاب نازل کی اور ترازو بھی یعنی شریعت اور تم کو کیا معلوم شاید قیامت قریب ہی آ پہنچی ہو۔

۱۸۔ جو لوگ اس (قیامت) پر یقین نہیں رکھتے وہ اس کے لیے جلدی مچا رہے ہیں اور جو مومن ہیں وہ اس سے ڈرتے ہیں اور جانتے ہیں کہ وہ برحق ہے۔ دیکھو جو لوگ قیامت میں جھگڑتے ہیں وہ پرلے درجے کی گمراہی میں ہیں۔

۱۹۔ اللہ اپنے بندوں پر مہربان ہے وہ جس کو چاہتا ہے رزق دیتا ہے اور وہ زور والا اور زبردست ہے

۲۰۔ جو شخص آخرت کی کھیتی کا طالب ہو اس کے لیے ہم اس کی کھیتی میں افزائش کریں گے۔ اور جو دنیا کی کھیتی کا خواستگار ہو اس کو ہم اس میں سے دیں گے اور اس کا آخرت میں کچھ حصہ نہ ہوگا۔

۲۱. کیا ان کے وہ شریک ہیں جنہوں نے ان کے لئے ایسا دین مقرر کیا ہے جس کا اللہ نے حکم نہیں دیا اور اگر فیصلے کے دن کا وعدہ نہ ہوتا تو ان میں فیصلہ کر دیا جاتا اور جو ظالم ہیں ان کے لئے درد دینے والا عذاب ہے۔

۲۲. تم دیکھو گے کہ ظالم اپنے اعمال کے وبال سے ڈر رہے ہوں گے اور وہ ان پر پڑ کر رہے گا۔ اور جو لوگ ایمان لائے اور نیک عمل کرتے رہے وہ بہشت کے باغوں میں ہوں گے وہ جو کچھ چاہیں گے ان کے رب کے پاس موجود ہو گا یہی بڑا فضل ہے۔

۲۳. یہی وہ انعام ہے جس کی بشارت اللہ اپنے ایسے بندوں کو دیتا ہے جو نیک عمل کرتے ہیں۔ کہہ دو کہ میں تم سے اس کا بدلہ نہیں مانگتا مگر تم کو قرابت کا خیال تو کرنا چاہیے اور جو کوئی نیکی کرے گا ہم اس کے لیے اس میں ثواب بڑھائیں گے بیشک اللہ بخشنے والا قدر دان ہے۔

۲۴. کیا یہ لوگ کہتے ہیں کہ پیغمبر نے اللہ پر جھوٹ باندھ لیا ہے؟ اے محمد اگر اللہ چاہے تو تمہارے دل پر مہر لگا دے اور اللہ جھوٹ کو مٹاتا ہے اور اپنی باتوں سے حق کو ثابت کرتا ہے بیشک وہ دلوں کی باتوں تک سے واقف ہے

۲۵. اور وہی تو ہے جو اپنے بندوں کی توبہ قبول کرتا ہے اور ان کے قصور معاف فرماتا ہے اور جو تم کرتے ہو سب جانتا ہے

۲۶۔ اور جو ایمان لائے اور نیک عمل کیے ان کی دعا قبول فرماتا اور ان کو اپنے فضل سے بڑھاتا ہے اور جو کافر ہیں ان کے لیے سخت عذاب ہے۔

۲۷۔ اور اگر اللہ اپنے بندوں کے لیے رزق میں فراخی کر دیتا ہے تو وہ زمین میں فساد کرنے لگتے۔ لیکن وہ جس قدر چاہتا ہے اندازے کے ساتھ نازل کرتا ہے بیشک وہ اپنے بندوں کو جانتا اور دیکھتا ہے۔

۲۸۔ اور وہی تو ہے جو لوگوں کے ناامید ہو جانے کے بعد مینہ برساتا ہے اور اپنی رحمت یعنی بارش برسا دیتا ہے وہ کارساز اور تعریف کا مستحق ہے۔

۲۹۔ اسی کی نشانیوں میں سے ہے آسمانوں اور زمین کا پیدا کرنا اور ان جانوروں کا جو اس نے پھیلا رکھے ہیں اور وہ جب چاہے ان کو جمع کر لینے پر قدرت رکھتا ہے

۳۰۔ اور جو مصیبت تم پر واقع ہوتی ہے تو وہ تمہارے اپنے ہی کاموں کی وجہ سے آتی ہے اور وہ (اللہ) بہت سے گناہ تو معاف کر دیتا ہے۔

۳۱۔ اور تم زمین میں اللہ کو عاجز نہیں کر سکتے اور اللہ کے سوا نہ کوئی تمہارا دوست ہے اور نہ مددگار۔

۳۲۔ اور اسی کی نشانیوں میں سے سمندری جہاز ہیں جو گویا پہاڑ ہیں۔

۳۳۔ اگر اللہ چاہے تو ہوا کو ٹھہرا دے اور جہاز اس کی سطح پر کھڑے رہ جائیں تمام صبر اور شکر کرنے والوں کے لیے ان باتوں میں اللہ کی قدرت کے نمونے ہیں۔

۳۴. یا ان کے اعمال کے سبب ان کو تباہ کر دے اور بہت سے قصور معاف کر دے

۳۵. اور (انتقام اس لے لیا جائے کہ) جو لوگ ہماری آیتوں میں جھگڑتے ہیں وہ جان لیں کہ ان کے لیے چھٹکارا نہیں۔

۳۶. لوگو! جو مال و متاع تم کو دیا گیا ہے وہ دنیا کی زندگی کا عارضی فائدہ ہے اور جو کچھ اللہ کے پاس ہے وہ بہتر اور قائم رہنے والا ہے یعنی ان لوگوں کے لیے جو ایمان لائے اور اپنے رب پر بھروسہ رکھتے ہیں

۳۷. اور جو بڑے بڑے گناہوں اور بے حیائی کے کاموں سے پرہیز کرتے ہیں اور جب غصہ آتا ہے تو معاف کر دیتے ہیں۔

۳۸. اور اپنے رب کا حکم مانتے ہیں اور نماز پڑھتے ہیں اور اپنے کام آپس کے مشورے سے کرتے ہیں اور جو مال ہم نے ان کو دیا ہے اس میں سے خرچ کرتے ہیں۔

۳۹. اور جب ان پر ظلم اور زیادتی ہو تو مناسب طریقے سے بدلہ لیتے ہیں۔

۴۰. اور برائی کا بدلہ تو اسی طرح کی برائی ہے مگر جو درگزر کرے اور معاملے کو درست کر دے تو اس کا بدلہ اللہ کے ذمہ ہے، اس میں شک نہیں کہ وہ ظلم کرنے والے کو پسند نہیں کرتا۔

۴۱. اور جس پر ظلم ہوا ہو اگر وہ اس کے بعد انتقام لے تو ایسے لوگوں پر کچھ الزام نہیں۔

۴۲. الزام تو ان لوگوں پر ہے جو لوگوں پر ظلم کرتے ہیں اور ملک میں ناحق فساد پھیلاتے ہیں یہی لوگ ہیں جن کو تکلیف دینے والا عذاب ہوگا

۴۳. اور جو صبر کرے ، قصور معاف کر دے تو یہ ہمت کے کام ہیں ۔

۴۴. اور جس شخص کو اللہ گمراہ کرے تو اس کے بعد اس کا کوئی دوست نہیں اور تم ظالموں کو دیکھو گے کہ جب وہ دوزخ کا عذاب دیکھیں گے تو کہیں گے کیا دنیا میں واپس جانے کا کوئی راستہ ہے ۔

۴۵. اور تم ان کو دیکھو گے دوزخ کے سامنے لائے جائیں گے ذلت سے ، عاجزی کرتے ہوئے چھپی اور نیچی نگاہ سے دیکھ رہے ہوں گے اور مومن لوگ کہیں گے کہ خسارہ اٹھانے والے تو وہ ہیں جنہوں نے قیامت کے دن اپنے آپ کو اور اپنے گھر والوں کو خسارے میں ڈالا ۔ خبر دار! بیشک ظالم لوگ ہمیشہ کے عذاب میں پڑے رہیں گے ۔

۴۶. اور اللہ کے سوا ان کے کوئی دوست نہ ہوں گے کہ جو اللہ کے سوا ان کی مدد کر سکیں اور جس کو اللہ گمراہ کرے اس کے لیے ہدایت کا کوئی رستہ نہیں

۴۷. ان سے کہہ دو کہ اس سے پہلے کہ وہ دن اللہ کی طرف سے آ موجود ہو جو ٹلنے والا نہیں اپنے رب کا حکم قبول کر لو۔ اس دن تمہارے لیے نہ کوئی پناہ کی جگہ ہوگی اور نہ ہی تم اپنے گناہوں سے انکار کر سکو گے

۴۸.	پھر اگر یہ منہ پھیر لیں تو ہم نے تم کو ان پر نگہبان بنا کر نہیں بھیجا تمہارا کام تو صرف احکام کا پہنچا دینا ہے۔ اور جب ہم انسان کو اپنی رحمت کا مزہ چکھا دیتے ہیں تو اس سے خوش ہو جاتا ہے اور اگر ان کو انہی کے اعمال کی وجہ سے کوئی سختی پہنچتی ہے تو سب احسانوں کو بھول جاتا ہے، بیشک انسان بڑا ناشکرا ہے۔

۴۹.	تمام بادشاہت اللہ ہی کی ہے آسمانوں کی بھی اور زمین کی بھی وہ جو چاہتا ہے پیدا کرتا ہے جسے چاہتا ہے. بیٹیاں عطاء کرتا ہے اور جسے چاہتا ہے بیٹے بخشتا ہے۔

۵۰.	یا پھر بیٹے اور بیٹیاں دونوں ہی عنایت کرتا ہے اور جس کو چاہتا ہے بے اولاد رکھتا ہے وہ تو جاننے والا اور قدرت والا ہے۔

۵۱.	اور کسی بندے کے لیے ممکن نہیں کہ اللہ اس سے بات کرے مگر الہام کے ذریعے سے یا پردے کے پیچھے سے یا کوئی فرشتہ بھیج دے تو وہ اللہ کے حکم سے جو اللہ چاہے القا کرے بیشک وہ عالی رتبہ اور حکمت والا ہے

۵۲.	اور اسی طرح ہم نے تمہاری طرف روح القدس کے ذریعے سے قرآن بھیجا ہے تم نہ تو کتاب کو جانتے تھے اور نہ ایمان کو، لیکن ہم نے اس کو نور بنایا ہے کہ اس سے ہم اپنے بندوں میں سے جس کو چاہتے ہیں ہدایت کرتے ہیں اور بیشک اے محمد تم سیدھا رستہ دکھاتے ہو۔

۵۳۔ یعنی اللہ کا راستہ جو آسمانوں اور زمین کی سب چیزوں کا مالک ہے۔ دیکھو سب کام اللہ کی طرف رجوع ہوں گے اور وہی ان میں فیصلہ کرے گا۔

۴۳۔ سورۃ زخرف

۱. حٰم حروف مقطعات میں سے ایک ہے

۲. روشن کتاب کی قسم۔

۳. ہم نے اس کو عربی (زبان) میں اتارا ہے تاکہ تم اس کو سمجھو۔

۴. اور یہ بڑی کتاب یعنی لوح محفوظ میں ہمارے پاس لکھی ہوئی ہے یہ بڑی فضیلت اور حکمت والی ہے۔

۵. کیا ہم یہ کتاب تمہاری طرف سے موڑ کر پھیر دیں گے اس لیے کہ تم حد پر نہیں رہتے۔

۶. اور ہم نے پہلے لوگوں میں بھی بہت سے نبی بھیجے ہیں۔

۷. اور کوئی بنی ان کے پاس نہیں آتا تھا مگر وہ اس سے تمسخر کرتے تھے

۸. تو جوان میں سخت زور والے تھے ان کو ہم نے ہلاک کر دیا اور اگلوں کی مثال گزر چکی ہے۔

۹. اور اگر تم ان سے پوچھو کہ آسمانوں اور زمین کو کس نے پیدا کیا ہے تو کہیں گے کہ ان کو غالب اور علم والے اللہ نے پیدا کیا ہے

۱۰. جس نے تمہارے لیے زمین کو بچھونا بنایا اور اس میں تمہارے لیے رستے بنائے تاکہ تم راہ معلوم کرو۔

۱۱. اور جس نے ایک اندازے کے ساتھ آسمان سے پانی نازل کیا پھر ہم نے اس سے مردہ شہر کو زندہ کیا، اسی طرح تم بھی زمین سے نکالے جاؤ گے۔

۱۲. اور جس نے تمام قسم کے حیوانات پیدا کئے، تمہارے لیے کشتیاں اور چارپائے بنائے جن پر تم سوار ہوتے ہو

۱۳. تاکہ تم ان کی پیٹھ پر چڑھ بیٹھو اور اس پر بیٹھ کر اپنے اللہ کے احسان کو یاد کرو اور کہو کہ وہ ذات پاک ہے. جس نے اس کو ہمارے زیر فرمان کر دیا اور ہم میں طاقت نہ تھی کہ اس کو اپنے بس میں کر سکتے۔

۱۴. اور ہم اپنے رب کی طرف لوٹ کر جانے والے ہیں

۱۵. اور انھوں نے اس کے بندوں میں سے اس کے لیے اولاد ٹھہرائی بیشک انسان صریح ناشکرا ہے

١٦. کیا اس نے اپنی مخلوقات میں سے خود تو بیٹیاں لیں اور تم کو چن کر بیٹے دیے

١٧. حالانکہ جب ان میں سے کسی کو خوشخبری دی جاتی ہے جو انھوں نے اللہ کے لیے بیان کی ہے تو اس کا منہ سیاہ ہو جاتا ہے اور وہ غمگین ہو جاتا ہے

١٨. کیا وہ جو زیور میں پرورش پائے اور جھگڑے کے وقت بات نہ کر سکے، اللہ کی بیٹی ہو سکتی ہے؟۔

١٩. اور انھوں نے فرشتوں کو کہ وہ بھی اللہ کی مخلوق ہے اللہ کی بیٹیاں بنا دیا ہے۔ کیا یہ ان کی پیدائش کے وقت موجود تھے؟ عنقریب ان کی شہادت لکھ لی جائے گی اور ان سے پوچھ گچھ کی جائے گی۔

٢٠. اور کہتے ہیں اگر اللہ چاہتا تو ہم ان کو نہ پوجتے ان کو اس کا کچھ علم نہیں یہ تو صرف اندازے لگا رہے ہیں

٢١. یا ہم نے ان کو اس سے پہلے کوئی کتاب دی تھی تو یہ اس کو پکڑے ہوئے ہیں

٢٢. بلکہ کہنے لگے کہ ہم نے اپنے باپ دادا کو ایک راہ پر پایا ہے اور ہم انہی کے نقش قدم پر چل رہے ہیں۔

٢٣. اور اسی طرح ہم نے تم سے پہلے کسی بستی میں کوئی ہدایت کرنے والا نہیں بھیجا مگر وہاں کے خوشحال لوگوں نے کہا کہ ہم نے اپنے باپ دادا کو ایک راہ پر پایا ہے اور ہم انہی کے نقش قدم پر چل رہے ہیں

۲۴. پیغمبر نے کہا اگرچہ میں تمہارے پاس ایسا دین لاؤں کہ تمہارے باپ دادا کے رستے سے کہیں زیادہ سیدھا ہو؟ کہنے لگے کہ جو دین تم دے کر بھیجے گئے ہو ہم اس کو نہیں مانتے

۲۵. تو ہم نے ان سے بدلہ لیا تو دیکھ لو کہ جھٹلانے والوں کا انجام کیسا ہوا

۲۶. اور جب ابراہیمؑ نے اپنے باپ اور اپنی قوم سے کہا کہ جن چیزوں کو تم پوجتے ہو میں ان سے بیزار ہوں۔

۲۷. ہاں جس نے مجھے پیدا کیا ہے وہی مجھے سیدھا راستہ دکھائے گا

۲۸. اور یہی بات اپنی اولاد میں پیچھے چھوڑ گئے تاکہ وہ اللہ کی طرف رجوع کریں۔

۲۹. اصل میں ان کفار کو اور ان کے باپ دادا کو متمتع کرتا رہا یہاں تک کہ ان کے پاس حق اور صاف صاف بیان کرنے والا پیغمبر آپہنچا

۳۰. اور جب ان کے پاس سچا قرآن آیا تو کہنے لگے کہ یہ تو جادو ہے اور ہم اس کو نہیں مانتے

۳۱. اور یہ بھی کہنے لگے کہ یہ قرآن ان دونوں بستیوں یعنی مکہ اور طائف میں سے کسی بڑے آدمی پر نازل کیوں نہ کیا گیا؟

۳۲. کیا یہ لوگ تمہارے رب کی رحمت کو بانٹتے ہیں؟ ہم نے ان میں ان کی معیشت کو دنیا کی زندگی میں تقسیم کر دیا اور ایک دوسرے پر درجے بلند کئے تاکہ ایک دوسرے سے خدمت لیں اور جو کچھ یہ جمع کرتے ہیں تمہارے رب کی رحمت اس سے کہیں بہتر ہے

۳۳. اور اگر یہ خیال نہ ہوتا کہ سب لوگ ایک ہی جماعت ہو جائیں گے تو جو لوگ اللہ سے انکار کرتے ہیں ہم ان کے گھروں کی چھتیں چاندی کی بنا دیتے اور سیڑھیاں بھی جن پر وہ چڑھتے

۳۴. ان کے گھروں کے دروازے بھی اور تخت بھی جن پر تکیہ لگاتے ہیں

۳۵. اور خوب زینت و آرائش کر دیتے اور یہ دنیا کی زندگی کا تھوڑا سا سامان ہے اور آخرت تمہارے رب کے پاس پرہیزگاروں کے لیے ہے

۳۶. اور جو کوئی اللہ کی یاد سے آنکھیں بند کرے یعنی غافل ہو جائے تو ہم اس پر ایک شیطان مقرر کر دیتے ہیں تو وہ اس کا ساتھی ہو جاتا ہے

۳۷. اور یہ شیطان ان کو رستے سے روکتے رہتے ہیں اور وہ سمجھتے ہیں کہ سیدھے رستے پر ہیں

۳۸. یہاں تک کہ جب ہمارے پاس آئے تو کہے گا کہ کاش مجھ میں اور تجھ میں مشرق و مغرب کا فاصلہ ہوتا تو بُرا ساتھی ہے

۳۹۔ اور جب تم ظلم کرتے رہے تو آج تمہیں یہ بات فائدہ نہیں دے سکتی کہ تم سب عذاب میں شریک ہو

۴۰۔ کیا تم بہرے کو سنا سکتے ہو یا اندھے کو رستہ دکھا سکتے ہو، اور جو صریح گمراہی میں ہو اسے راہ پر لا سکتے ہو؟

۴۱۔ اگر ہم آپ کو (دنیا سے) اٹھا لیں تو ان لوگوں سے ہم انتقام لے کر رہیں گے۔

۴۲۔ یا تمہاری زندگی میں تمہیں وہ عذاب دکھا دیں گے جن کا ہم نے ان سے وعدہ کیا ہے ہم ان پر قابو رکھتے ہیں۔

۴۳۔ پس تمہاری طرف جو وحی کی گئی ہے اس کو مضبوط پکڑے رہو بیشک تم سیدھے رستے پر ہو

۴۴۔ اور یہ قرآن تمہارے لیے اور تمہاری قوم کے لیے نصیحت ہے اور لوگو! تم سے عنقریب بازپرس ہوگی۔

۴۵۔ اور اے محمد ﷺ! جو ہم نے تم سے پہلے پیغمبر بھیجے ہیں ان کے حالات دیکھ لو۔ کیا ہم نے اللہ رحمن کے سوا اور معبود بنائے تھے کہ جن کی عبادت کی جائے؟۔

۴۶۔ اور ہم نے موسیٰ کو اپنی نشانیاں دے کر فرعون اور اس کے درباریوں کے پاس بھیجا تو انہوں نے کہا کہ میں اپنے رب العالمین کا رسول ہوں۔

۴۷۔ جب وہ ان کے پاس ہماری نشانیاں لے کر آئے تو وہ نشانیوں سے ہنسی کرنے لگے۔

۴۸۔ اور جو نشانی ہم ان کو دکھاتے ہیں وہ دوسری سے بڑی ہوتی ہے اور ہم نے ان کو عذاب میں پکڑ لیا تاکہ باز آئیں۔

۴۹۔ اور کہنے لگے کہ اے جادوگر! اس عہد کے مطابق جو تیرے رب نے تجھ سے کر رکھا ہے اس سے دعا کر تو ہمیں ہدایت مل جائے گی۔

۵۰۔ سو جب ہم نے ان سے عذاب دور کر دیا تو وہ عہد شکنی کرنے لگے۔

۵۱۔ اور فرعون نے اپنی قوم کو پکار کر کہا کہ اے میری قوم! کیا مصر کی حکومت میرے ہاتھ میں نہیں ہے؟ اور یہ نہریں جو میرے محلات کے نیچے بہہ رہی ہیں، میری نہیں ہیں؟ کیا تم دیکھتے نہیں ہو؟

۵۲۔ بھلا میں بہتر ہوں یا یہ شخص جو ایک ذلیل آدمی ہے اور بات بھی صاف طور پر نہیں کر سکتا۔

۵۳۔ تو اس پر سونے کے کنگن کیوں نہ اتارے گئے یا یہ ہوتا کہ فرشتے جمع ہو کر اس کے ساتھ آتے۔

۵۴۔ غرض اس نے اپنی قوم کی عقل مار دی اور انہوں نے اس کی بات مان لی بیشک وہ نافرمان لوگ تھے۔

۵۵. جب انہوں نے ہم کو ناراض کیا تو ہم نے ان سے انتقام لے کر ان سب کو ڈبو دیا

۵۶. اور ان کو گئے گزرے کر دیا اور آنے والوں کے لیے عبرت بنا دیا

۵۷. اور جب مریم کے بیٹے عیسیٰ کا حال بیان کیا گیا تو تمہاری قوم کے لوگ اس سے چلا اٹھے

۵۸. اور کہنے لگے کہ بھلا ہمارے معبود اچھے ہیں یا وہ عیسیٰ؟ انہوں نے صرف جھگڑنے کے لیے ہی آپ سے عیسیٰ کی مثال بیان کی ہے دراصل یہ لوگ ہیں ہی جھگڑالو۔

۵۹. وہ تو ایک بندے ہی تھے جن پر ہم نے فضل کیا اور بنی اسرائیل کے لیے ان کو اپنی قدرت کا نمونہ بنا دیا۔

۶۰. اور اگر ہم چاہتے تو تم میں سے فرشتے بنا دیتے جو تمہاری جگہ زمین میں رہتے

۶۱. اور وہ عیسیٰ قیامت کی نشانی ہیں لہذا اس میں ہرگز شک نہ کرو میرے پیچھے چلو یہی سدھا راستہ ہے

۶۲. اور کہیں شیطان تم کو اس سے روک نہ دے وہ تو تمہارا اعلانیہ دشمن ہے

۶۳. اور جب عیسیٰ نشانیاں لے کر آئے تو کہنے لگے کہ میں تمہارے پاس دانائی کی کتاب لے کر آیا ہوں اور اس لیے کہ بعض باتیں جن میں تم اختلاف کرتے ہو تم کو سمجھا دوں تو اللہ سے ڈرو اور میرا کہا مانو

۶۴. کچھ شک نہیں کہ میرا اور تمہارا رب اللہ ہی ہے پس اسی کی عبادت کرو یہی سیدھا راستہ ہے۔

۶۵. پھر کتنے فرقے ان میں سے پیدا ہو گئے تو جو لوگ ظالم ہیں ان کو درد دینے والے عذاب سے خرابی ہے۔

۶۶. یہ صرف اس بات کے منتظر ہیں کہ قیامت اچانک آ جائے اور ان کو خبر تک نہ ہو۔

۶۷. جو آپس میں دوست ہیں اس دن ایک دوسرے کے دشمن ہوں گے سوائے پرہیزگار کہ وہ (اس دن) آپس میں دوست ہی رہیں گے۔

۶۸. میرے بندو! آج تمہیں نہ کچھ خوف ہے اور نہ تم غمناک ہو گے

۶۹. جو لوگ ہماری آیتوں پر ایمان لائے اور فرمانبردار ہو گئے۔

۷۰. (ان سے کہا جائے گا) تم اور تمہاری بیویاں عزت و احترام کے ساتھ بہشت میں داخل ہو جاؤ

۷۱. لیے پھریں گے ان کے پاس سونے کی رکابیاں اور آبخورے اور وہاں جو جی چاہے اور جو آنکھوں کو اچھا لگے موجود ہو گا اور (اے اہل جنت) تم اس میں ہمیشہ رہو گے۔

۷۲. اور یہ جنت جس کے تم مالک بنا دیئے گئے ہو تمہارے اعمال کا صلہ ہے۔

۷۳. وہاں تمہارے لیے بہت سے میوے ہیں جن کو تم کھاؤ گے

۷۴. اور مجرم ہمیشہ دوزخ کے عذاب میں رہیں گے

۷۵. جو ان سے ہلکا نہ کیا جائے گا اور وہ اس میں نا امید ہو کر پڑے رہیں گے

۷۶. اور ہم نے ان پر ظلم نہیں کیا بلکہ وہی اپنے آپ پر ظلم کرتے تھے۔

۷۷. اور وہ پکاریں گے اے مالک تمہارا پروردگار ہمیں موت دے دے تو وہ جواب دے گا کہ تم ہمیشہ اسی حالت میں رہو گے

۷۸. ہم تمہارے پاس حق لے کر پہنچے لیکن تم میں سے اکثر حق سے ناخوش ہوتے رہے

۷۹. کیا انہوں نے کوئی بات ٹھہرا رکھی ہے تو ہم بھی کچھ ٹھہرانے والے ہیں

۸۰. کیا یہ لوگ یہ خیال کرتے ہیں کہ ہم ان کی پوشیدہ باتوں اور سرگوشیوں کو سنتے نہیں؟ ہاں ہم سب سنتے ہیں، ہمارے فرشتے ان کے پاس ان کی سب باتیں لکھ لیتے ہیں۔

۸۱. کہہ دو کہ اگر اللہ کی اولاد ہو تو میں سب سے پہلے اس کی عبادت کرنے والا ہوں۔

۸۲. یہ جو کچھ بیان کرتے ہیں آسمانوں اور زمین کا مالک، عرش کا مالک اس سے پاک ہے

۸۳. تو ان کو بک بک کرنے اور کھیلنے دو یہاں تک کہ جس دن ان سے وعدہ کیا جاتا ہے اس کو دیکھ لیں

۸۴. اور وہی ایک آسمانوں میں معبود ہے اور وہ دانا اور علم والا ہے۔

۸۵۔ اور وہ بہت با برکت ہے جس کے لیے آسمانوں اور زمین اور جو کچھ ان دونوں میں ہے سب کی بادشاہت ہے۔ اور اسی کو قیامت کا علم ہے اور اسی کی طرف تم لوٹ کر جاؤ گے

۸۶۔ اور جن کو یہ لوگ اللہ کے سوا پکارتے ہیں وہ سفارش کا کچھ اختیار نہیں رکھتے۔ ہاں جو علم و یقین کے ساتھ حق کی گواہی دیں وہ سفارش کر سکتے ہیں

۸۷۔ اور اگر تم ان سے پوچھو کہ ان کو کس نے پیدا کیا ہے تو کہہ دیں گے کہ اللہ نے تو پھر یہ کہاں بہکے پھرتے ہیں ؟ ۔

۸۸۔ اور بعض اوقات پیغمبر کہا کرتے ہیں کہ اے رب یہ ایسے لوگ ہیں کہ ایمان نہیں لاتے

۸۹۔ تو ان سے منہ پھیر لو اور سلام کہہ دو ان کو عنقریب انجام معلوم ہو جائے گا

۴۴۔ سورۃ الدخان

۱۔ حٰمٓ۔ (حروف مقطعات میں سے ایک ہے)

۲۔ اس روشن کتاب کی قسم۔

۳۔ کہ ہم نے اس کو مبارک رات میں نازل فرمایا بیشک ہم توڈرانے والے ہیں

۴۔ اسی رات میں تمام حکمت کے کاموں کا فیصلہ کیا جاتا ہے

۵۔ یعنی ہمارے ہاں سے حکم ہو کر بیشک ہم ہی پیغمبر کو بھیجتے ہیں۔

۶۔ یہ تمہارے رب کی رحمت ہے۔ وہ تو سننے والا جاننے والا ہے

۷۔ آسمانوں اور زمین اور جو کچھ ان دونوں میں ہے سب کا مالک ہے اگر تم واقعی یقین کرنے والے ہو

۸۔ اس کے سوا کوئی معبود نہیں وہی زندہ کرتا اور وہی مارتا ہے وہی تمہارا اور تمہارے باپ دادا کا رب ہے۔

۹۔ مگر یہ لوگ شک میں کھیل رہے ہیں

۱۰. اور اس دن کا انتظار کرو کہ آسمان سے صاف طور سے دھواں نکلے گا۔

۱۱. جو لوگوں پر چھا جائے گا یہ درد دینے والا عذاب ہے۔

۱۲. اے ہمارے رب ہم سے اس عذاب کو دور کر ہم ایمان لاتے ہیں۔

۱۳. اس وقت ان کو نصیحت کیا کام دے گی جب ان کے پاس پیغمبر آ چکے جو کھول کھول کر بیان کر دیتے تھے

۱۴. پھر انہوں نے اس سے منہ پھیر لیا اور کہنے لگے یہ تو پڑھایا ہوا اور دیوانہ ہے۔

۱۵. ہم تھوڑے دنوں کے لیے عذاب ٹال دیتے ہیں مگر تم پھر کفر کرنے لگتے ہو۔

۱۶. جس دن ہم بری طرح پکڑیں گے تو پھر انتقام لے کر چھوڑیں گے

۱۷. اور ان سے پہلے ہم نے قوم فرعون کی آزمائش کی اور ان کے پاس ایک بلند مرتبہ پیغمبر آئے۔

۱۸. جنہوں نے یہ کہا کہ اللہ کے بندوں یعنی بنی اسرائیل کو میرے حوالے کر دو میں تمہارا امانتدار پیغمبر ہوں۔

۱۹. اور اللہ کے سامنے سرکشی نہ کرو میں تمہارے پاس کھلی دلیل لے کر آیا ہوں۔

۲۰. اور اس بات سے کہ تم مجھے سنگسار کر دو میں اپنے اور تمہارے رب کی پناہ لے چکا ہوں۔

۲۱. اور اگر مجھ پر ایمان نہیں لاتے تو مجھ سے علیحدہ ہو جاؤ

۲۲۔ تب موسیٰ نے اپنے رب سے دعا کی کہ یہ نافرمان لوگ ہیں

۲۳۔ اللہ نے فرمایا کہ میرے بندوں کو لے کر راتوں رات چلے جاؤ اور فرعونی ضرور تمہارا پیچھا کریں گے

۲۴۔ اور دریا خشک ہو رہا ہو گا تو اس سے پار ہو جاؤ تمہارے بعد ان کا تمام لشکر ڈبو دیا جائے گا

۲۵۔ وہ لوگ کتنے ہی باغ اور چشمے چھوڑ گئے۔

۲۶۔ کھیتیاں اور نفیس مکان۔

۲۷۔ اور آرام کی چیزیں جن میں عیش کیا کرتے تھے

۲۸۔ اسی طرح ہوا اور ہم نے دوسرے لوگوں کو ان کا مالک بنا دیا

۲۹۔ پھر ان پر نہ تو آسمان اور زمین کو رونا آیا اور نہ ہی ان کو مہلت ہی دی گئی۔

۳۰۔ اور ہم نے بنی اسرائیل کو ذلت کے عذاب سے نجات دی

۳۱۔ یعنی فرعون سے بیشک وہ سرکش اور حد سے نکلا ہوا تھا۔

۳۲۔ اور ہم نے بنی اسرائیل کو دنیا کے لیے جان بوجھ کر منتخب کیا تھا

۳۳۔ اور ان کو ایسی نشانیاں دی تھیں جن میں صاف طور پر آزمائش تھی

۳۴۔ یہ لوگ یہ کہتے ہیں

۳۵. که ہمیں صرف ایک بار مرنا ہے اور پھر اٹھنا نہیں

۳۶. پس اگر تم سچے ہو تو ہمارے باپ دادا کو زندہ کر لاؤ۔

۳۷. بھلا یہ اچھے ہیں یا تُبّع کی قوم اور وہ لوگ جو تم سے پہلے ہو چکے ہیں ہم نے ان سب کو ہلاک کر دیا بیشک وہ گنہگار تھے

۳۸. اور ہم نے آسمانوں اور زمین کو اور جو کچھ ان میں ہے ان کو کوئی کھیل نہیں بنایا

۳۹. ان کو ہم نے تدبیر سے پیدا کیا ہے لیکن اکثر لوگ نہیں جانتے۔

۴۰. کچھ شک نہیں کہ فیصلے کا دن ان سب کے اٹھنے کا وقت ہے

۴۱. جس دن کوئی دوست کسی دوست کے کچھ کام نہ آئے گا اور نہ ان کو مدد ملے گی

۴۲. مگر جس پر اللہ مہربانی کرے، وہ تو غالب اور مہربان ہے۔

۴۳. بلاشبہ تھوہر کا درخت

۴۴. گنہگار کا کھانا ہے

۴۵. جیسے پگھلا ہوا تانبہ پیٹوں میں اس طرح کھولے گا

۴۶. جس طرح گرم پانی کھولتا ہے

۴۷. حکم دیا جائے گا کہ اس کو پکڑلو اور کھینچتے ہوئے دوزخ کے بیچوں بیچ لے جاؤ

۴۸. پھر اس کے سر پر کھولتا ہوا پانی انڈیل دو کہ عذاب پر عذاب ہو

۴۹. اب مزہ چکھ تو بڑی عزت والا اور سردار بنا پھرتا تھا

۵۰. یہ وہی دوزخ ہے جس میں تم لوگ شک کیا کرتے تھے

۵۱. بیشک پرہیزگار لوگ امن کے مقام میں ہوں گے

۵۲. یعنی باغوں اور چشموں میں

۵۳. باریک اور گاڑھے ریشم کا لباس پہن کر ایک دوسرے کے سامنے بیٹھے ہوں گے۔

۵۴. وہاں اسی طرح ہوگا۔ اور ہم بڑی بڑی آنکھوں والی سفید رنگ کی عورتوں سے ان کو بیاہ دیں گے۔

۵۵. وہاں وہ امن و اطمینان سے ہر قسم کے میوے طلب کریں گے۔

۵۶. وہاں وہ موت کا مزہ نہیں چکھیں گے بس پہلی موت جو دنیا میں آچکی (سو آچکی) اور اللہ ان کو دوزخ کے عذاب سے بچا لے گا

۵۷. یہ تمہارے رب کا فضل ہے۔ یہی تو بڑی کامیابی ہے

۵۸. ہم نے اس قرآن کو تمہاری زبان میں آسان کر دیا ہے تاکہ یہ لوگ نصیحت پکڑیں

۵۹. پس تم بھی انتظار کرو یہ بھی انتظار کر رہے ہیں

۴۵۔ سورۃ الجاثیہ

١. حٰمٓ (حروف مقطعات میں سے ہے)

٢. اس کتاب کا اتارا جانا اللہ غالب اور دانا کی طرف سے ہے

٣. بیشک آسمانوں اور زمین میں ایمان والوں کیلیئے اللہ کی قدرت کی نشانیاں ہیں۔

۴. اور تمہاری پیدائش میں بھی اور جانوروں میں بھی جن کو وہ پھیلاتا ہے یقین کرنے والوں کیلیئے نشانیاں ہیں

۵. رات اور دن کے ردوبدل میں اور جو اللہ نے رزق کا ذریعہ آسمان سے اتارا (یعنی بارش) پھر اس سے مردہ زمین کو زندہ کیا اس میں اور ہواؤں کے بدلنے میں عقل والوں کیلیئے نشانیاں ہیں

٦. یہ اللہ کی آیتیں ہیں جو ہم تم کو پڑھ کر سناتے ہیں سچائی کے ساتھ۔ تو یہ اللہ اور اس کی آیتوں کے بعد کس بات پر ایمان لائیں گے۔

٧. ہر جھوٹے گنہگار پر افسوس ہے

۸. کہ اللہ کی آیتیں اس کو پڑھ کر سنائی جاتی ہیں اور وہ ان کو سن بھی لیتا ہے مگر پھر غرور سے ضد کرتا ہے کہ گویا ان کو سنا ہی نہیں تو ایسے شخص کو دکھ دینے والے عذاب کی خوشخبری سنا دو۔

۹. اور جب ہماری آیات میں سے کچھ اسے معلوم ہوتا ہے تو ان کی ہنسی اڑاتا ہے ایسے لوگوں کیلیئے ذلیل کرنے والا عذاب ہے

۱۰. پھر اس کے بعد ان کے لیے دوزخ ہے اور جو کام وہ کرتے رہے کچھ بھی ان کے کام نہ آئیں گے اور نہ ہی وہ معبود ان کے کام آئیں گے جن کو انہوں نے اللہ کے سوا معبود بنا رکھا تھا اور ان کیلیئے بڑا عذاب ہے۔

۱۱. یہ ہدایت کی کتاب ہے اور جو لوگ اپنے رب کی آیتوں سے انکار کرتے ہیں ان کو سخت قسم کا درد دینے والا عذاب ہو گا

۱۲. اللہ ہی تو ہے جس نے دریا کو تمہارے قابو میں کر دیا تاکہ اس کے حکم سے اس میں کشتیاں چلیں اور تاکہ اس کے فضل سے معاش تلاش کرو اور شکر کرو۔

۱۳. اور جو کچھ آسمانوں میں ہے اور جو کچھ زمین میں ہے سب کو اپنے حکم سے تمہارے کام میں لگا دیا۔ جو لوگ غور کرتے ہیں ان کیلیئے اس میں اللہ کی قدرت کی نشانیاں ہیں

۱۴. مومنوں سے کہہ دو کہ جو لوگ اللہ کے دنوں کی (جو اعمال کے بدلے کیلیئے مقرر ہیں) توقع نہیں رکھتے ان سے درگزر کریں تاکہ وہ ان لوگوں کو ان کے اعمال کا بدلہ دے

۱۵.	جو کوئی نیک عمل کرے گا تو اپنے لیے اور جو برے کام کرے گا تو ان کا ضرر اسی کو ہو گا پھر تم اپنے رب کی طرف لوٹ کر جاؤ گے

۱۶.	اور ہم نے بنی اسرائیل کو (ہدایت کی) کتاب حکومت اور نبوت بخشی اور پاکیزہ چیزیں عطاء کیں اور دنیا بھر کے لوگوں پر فضیلت دی

۱۷.	اور ان کو دین کے بارے میں دلیلیں عطاء کیں تو انہوں نے جو اختلاف کیا وہ علم آ چکنے کے بعد آپس کی ضد سے کیا بیشک تمہارا رب قیامت کے دن ان میں ان باتوں کا فیصلہ کرے گا جن میں وہ اختلاف کرتے تھے۔

۱۸.	پھر ہم نے تم کو دین کے کھلے رستے پر قائم کر دیا تو اسی رستے پر چلیے چلو اور نادانوں کی خواہشوں کے پیچھے نہ چلنا

۱۹.	یہ اللہ کے سامنے تمہارے کسی کام نہ آئیں گے اور ظالم لوگ ایک دوسرے کے دوست ہوتے ہیں اور اللہ پرہیزگاروں کا دوست ہے

۲۰.	یہ قرآن لوگوں کیلیئے دانائی کی باتیں ہیں اور جو یقین رکھتے ہیں ان کیلیئے ہدایت اور رحمت ہے

۲۱.	جو لوگ برے کام کرتے ہیں کیا وہ یہ خیال کرتے ہیں کہ ہم ان کو ان لوگوں جیسا کر دیں گے جو ایمان لائے اور نیک عمل کرتے رہے اور ان کی زندگی اور موت برابر (یعنی ایک جیسی) ہوگی؟ یہ جو دعوے کرتے ہیں برے ہیں

۲۲.	اللہ نے آسمان و زمین کو حکمت سے پیدا کیا ہے اور تاکہ ہر شخص اپنے اعمال کا بدلہ پائے اور ان پر ظلم نہیں کیا جائے گا

۲۳.	بھلا تم نے اس شخص کو دیکھا جس نے اپنی خواہش کو معبود بنا رکھا ہے اور جانتے بوجھتے ہوئے گمراہ ہو رہا ہے تو اللہ نے بھی اس کو گمراہ کر دیا۔ اس کے کانوں اور دل پر مہر لگا دی اور اس کی آنکھوں پر پردہ ڈال دیا اب اللہ کے سوا ان کو کون راہ پر لا سکتا ہے؟ تو کیا تم نصیحت نہیں پکڑتے۔

۲۴.	اور کہتے ہیں کہ ہماری زندگی تو صرف دنیا ہی کی ہے کہ یہیں مرتے اور جیتے ہیں اور ہمیں تو زمانہ مار دیتا ہے اور ان کو اس کا کچھ علم نہیں صرف ظن سے کام لیتے ہیں۔

۲۵.	اور جب ان کے سامنے ہماری کھلی کھلی آیتیں پڑھی جاتی ہیں تو ان کی حجت یہی ہوتی ہے کہ اگر سچے ہو تو ہمارے باپ دادا کو زندہ کر لاؤ۔

۲۶.	کہہ دو کہ تم کو اللہ ہی جان بخشتا ہے پھر وہی تم کو موت دیتا ہے اور پھر قیامت کے دن کہ جس کے آنے میں کوئی شک نہیں تم کو جمع کرے گا لیکن بہت سے لوگ نہیں جانتے۔

۲۷.	آسمانوں اور زمین کی بادشاہت اللہ ہی کی ہے اور جس دن قیامت برپا ہو جائے گی اس دن اہل باطل نقصان میں پڑ جائیں گے۔

۲۸۔ اور تم ہر فرقے کو دیکھو گے کہ گھٹنوں کے بل بیٹھا ہوگا اور ہر ایک جماعت اپنے اعمال کی کتاب کی طرف بلائی جائے گی جو کچھ تم کرتے ہو آج تم کو اس کا بدلہ دیا جائے گا

۲۹۔ یہ ہماری کتاب تمہارے بارے میں سچ سچ بیان کر دے گی جو کچھ تم کیا کرتے تھے ہم لکھواتے جاتے تھے۔

۳۰۔ تو جو لوگ ایمان لائے اور نیک کام کرتے رہے ان کا رب انہیں اپنی رحمت کے باغ میں داخل کرے گا یہی صریح کامیابی ہے

۳۱۔ اور جنہوں نے کفر کیا ان سے کہا جائے گا کہ بھلا ہماری آیتیں تم کو پڑھ کر سنائی نہیں جاتی تھیں؟ مگر تم نے تکبر کیا اور تم نافرمان لوگ تھے

۳۲۔ اور جب کہا جاتا تھا کہ اللہ کا وعدہ سچا ہے قیامت میں کچھ شک نہیں تو تم کہتے تھے کہ نہیں جانتے کہ قیامت کیا ہے ہم اس کو صرف خیالی ہی سمجھتے ہیں اور ہمیں یقین نہیں آتا

۳۳۔ ان کے اعمال کی برائیاں ان پر ظاہر ہو جائیں گی اور جس عذاب کی وہ ہنسی اڑاتے تھے وہ ان کو آ گھیرے گا

۳۴۔ اور کہا جائے گا کہ جس طرح تم نے اس دن کے آنے کو بھلا رکھا تھا اسی طرح آج ہم تم کو بھلا دیں گے اور تمہارا ٹھکانا دوزخ ہے اور کوئی تمہارا مددگار نہیں

۳۵۔ یہ اس لیے کہ تم نے اللہ کی آیتوں کو مذاق بنا رکھا تھا اور دنیا کی زندگی نے تم کو دھوکے میں ڈال رکھا تھا۔ سو آج یہ لوگ نہ دوزخ سے نکالے جائیں گے اور نہ ہی ان کی توبہ ہی قبول کی جائے گی۔

۳۶۔ پس ہر طرح کی تعریف کے لائق اللہ ہی ہے جو آسمانوں کا مالک اور زمین کا مالک اور تمام جہانوں کا پالنے والا ہے

۳۷۔ اور آسمانوں اور زمین میں اسی کیلئے بڑائی ہے اور غالب و دانا ہے

۴۶۔ سورۃ الاحقاف

۱.   حٰمٓ (حروف مقطعات میں سے ہے)

۲.   یہ کتاب اللہ غالب اور حکمت والے کی طرف سے نازل ہوئی ہے۔

۳.   ہم نے آسمانوں اور زمین کو اور جو کچھ دونوں میں ہے حکمت پر اور مقررہ وقت تک کیلیئے پیدا کیا ہے اور کفار کو جس چیز کی نصیحت کی جاتی ہے اس سے منہ پھیر لیتے ہیں

۴.   فرما دیں کہ بھلا تم نے ان چیزوں کو دیکھا ہے جن کو تم اللہ کے سوا پکارتے ہو ذرا مجھے بھی تو دکھاؤ کہ انہوں نے زمین میں کون سی چیز پیدا کی ہے یا آسمانوں میں ان کی شرکت ہے؟ اگر سچے ہو تو اس سے پہلے کی کوئی کتاب میرے پاس لاؤ یا انبیاء کے علم میں سے کچھ لکھا ہوا موجود ہو تو وہ مجھے دکھاؤ۔

۵.   اور اس شخص سے بڑھ کر کون گمراہ ہو سکتا ہے جو ایسوں کو پکارے جو قیامت تک اسے جواب نہ دے سکیں اور ان کو ان کے پکارنے تک کی خبر نہ ہو

۶.   اور جب لوگ جمع کیے جائیں گے تو وہ ان کے دشمن ہوں گے اور ان کی پوجا سے انکار کریں گے

۷۔ اور جب ان کے سامنے ہماری کھلی آیتیں پڑھی جاتی ہیں تو کافر حق کے بارے میں جوان کے پاس آچکا تھا کہتے ہیں کہ یہ تو صریح جادو ہے۔

۸۔ کیا یہ کہتے ہیں کہ یہ سب اس نے خود ہی بنا لیا ہے۔ فرما دیں کہ اگر میں نے یہ اپنی طرف سے بنا لیا ہو تو تم اللہ کے سامنے میرے بچاؤ کا کچھ اختیار نہیں رکھتے وہ اس بات چیت کو خوب جانتا ہے جو تم اس کے بارے میں کرتے ہو۔ وہی میرے اور تمہارے درمیان گواہ کافی ہے اور وہ بخشنے والا مہربان ہے۔

۹۔ فرما دیں کہ میں کوئی نیا پیغمبر نہیں آیا اور میں نہیں جانتا کہ میرے ساتھ کیا سلوک کیا جائے گا اور تمہارے ساتھ کیا کیا جائے گا۔ میں تو اسی کی پیروی کرتا ہوں جو وحی مجھ پر آتی ہے اور میرا کام تو علانیہ ہدایت کرنا ہے

۱۰۔ فرما دیں کہ بھلا دیکھو تو! اگر یہ قرآن اللہ کی طرف سے ہو اور تم نے اس سے انکار کیا اور بنی اسرائیل میں سے ایک گواہ اسی طرح کی ایک کتاب کی گواہی دے چکا اور ایمان لے آیا اور تم نے سرکشی کی تو تمہارے ظالم ہونے میں کیا شک ہے۔ بیشک اللہ ظالم لوگوں کو ہدایت نہیں دیتا

۱۱۔ اور کافر مومنوں سے کہتے ہیں کہ اگر یہ (دین) کچھ بہتر ہوتا تو یہ لوگ اس کی طرف ہم سے پہلے نہ دوڑ پڑتے اور جب وہ اس سے ہدایت نہ پا سکے تو اب کہیں گے کہ یہ پرانا جھوٹ ہے۔

۱۲. اور اس سے پہلے موسیٰؑ کی کتاب تھی لوگوں کیلیئے رہنما اور رحمت، یہ کتاب عربی زبان میں ہے اس کی تصدیق کرنے والی تاکہ ظالموں کو ڈرائے اور نیکوکاروں کو خوشخبری سنائے۔

۱۳. بیشک جن لوگوں نے کہا کہ ہمارا رب اللہ ہے پھر وہ اس پر قائم رہے تو ان کو نہ کچھ خوف ہوگا نہ وہ غمگین ہوں گے۔

۱۴. یہی اہل جنت ہیں کہ ہمیشہ اس میں رہیں گے یہ اس کا بدلہ ہے جو وہ کیا کرتے تھے۔

۱۵. اور ہم نے انسان کو اپنے والدین کے ساتھ بھلائی کرنے کا حکم دیا۔ اس کی ماں نے اس کو تکلیف سے پیٹ میں رکھا اور تکلیف ہی سے جنا اس کا پیٹ میں رہنا اور دودھ چھوڑنا ڈھائی برس میں ہوتا ہے۔ یہاں تک کہ جب خوب جوان ہوتا اور چالیس برس کو پہنچ جاتا ہے تو کہتا ہے کہ اے میرے رب مجھے توفیق دے کہ تو نے جو احسان مجھ پر اور میرے ماں باپ پر کیئے ان کیلیئے شکر کروں اور یہ کہ نیک کام کروں جن کو آپ پسند کریں اور میرے لیے میری اولاد میں اصلاح اور تقویٰ دے میں تیری طرف رجوع کرتا ہوں اور میں فرمانبرداروں میں ہوں۔

۱۶. یہی وہ لوگ ہیں جن کے نیک اعمال ہم قبول کریں گے اور ان کے گناہوں سے درگزر کریں گے اور یہی اہل جنت میں سے ہوں گے۔ یہ سچا وعدہ ہے جو ان سے کیا جاتا ہے۔

۱۷.	اور جس شخص نے اپنے ماں باپ سے کہا کہ اف اف! تم مجھے یہ بتاتے ہو کہ میں زمین سے نکالا جاؤں گا، حالانکہ بہت سے لوگ مجھ سے پہلے گزر چکے ہیں اور وہ دونوں اللہ کی جناب میں فریاد کرتے ہوئے کہتے ہیں کہ اے خرابی تیری تو ایمان لے آ۔ اللہ کا وعدہ سچا ہے۔ تو کہنے لگا یہ تو پہلے لوگوں کی کہانیاں ہیں

۱۸.	یہی وہ لوگ ہیں جن کے بارے میں جنوں اور انسانوں کی دوسری امتوں میں سے جو ان سے پہلے گزر چکیں عذاب کی بات پکی ہو چکی بیشک وہ نقصان اٹھانے والے تھے۔

۱۹.	اور لوگوں نے جیسے کام کیئے ہوں گے ان کے مطابق سب کے درجے ہوں گے۔ غرض یہ ہے کہ ان کو ان کے اعمال کا پورا بدلہ دے اور ان کا نقصان نہ کیا جائے۔

۲۰.	اور جس دن کافر دوزخ کے سامنے کیے جائیں گے تو کہا جائے گا کہ تم اپنی دنیا کی زندگی میں لذتیں حاصل کر چکے اور ان سے برت چکے سو آج تم کو رسوائی والا عذاب ہے۔ یہ اس کی سزا ہے کہ تم زمین میں ناحق غرور کیا کرتے تھے اور اس بات کی کہ بدکرداری کیا کرتے تھے۔

۲۱.	اور قوم عاد کے بھائی ہودؑ کو یاد کرو کہ جب انہوں نے اپنی قوم کو سرزمین احقاف میں ہدایت کی۔ ان سے پہلے اور بعد والے ہدایت کرنے والے گزر چکے تھے کہ اللہ کے سوا کسی کی عبادت نہ کرو مجھے تمہارے بارے میں بڑے دن کے عذاب کا ڈر لگتا ہے

۲۲۔ کہنے لگے، کیا تم ہمارے پاس اس لیے آئے ہو کہ ہم کو ہمارے معبودوں سے پھیر دو۔ اگر سچے ہو تو جس چیز سے ہمیں ڈراتے ہو اسے ہم پر لے آؤ۔

۲۳۔ انہوں نے کہا کہ اس کا علم تو اللہ ہی کو ہے۔ میں تو جو (احکام) دے کر بھیجا گیا ہوں وہ تمہیں پہنچا رہا ہوں لیکن میں دیکھتا ہوں کہ تم لوگ نادانی میں پھنس رہے ہو۔

۲۴۔ پھر جب انہوں نے اس عذاب کو دیکھا کہ بادل کی صورت میں ان کے میدانوں کی طرف آرہا ہے تو کہنے لگے کہ، یہ تو بادل ہے جو ہم پر برس کر رہے گا۔ نہیں بلکہ یہ وہ چیز ہے جس کے لیے تم جلدی کرتے تھے آندھی جس میں درد دینے والا عذاب بھرا ہوا ہے۔

۲۵۔ ہر چیز کو اپنے رب کے حکم سے تباہ کیے دیتی ہے، تو وہ ایسے ہو گئے کہ ان کے گھروں کے سوا کچھ نظر ہی نہ آتا تھا۔ گنہگار لوگوں کو ہم اسی طرح سزا دیا کرتے ہیں۔

۲۶۔ اور ہم نے ان لوگوں کو ایسی چیزوں کا مقدور دیا تھا جن کا مقدور تمہیں نہیں دیا۔ انہیں کان آنکھیں اور دل دیئے تھے۔ تو جب وہ اللہ کی آیتوں سے انکار کرتے تھے تو نہ ان کے کان ہی ان کے کچھ کام آ سکے نہ آنکھیں اور نہ دل اور جس چیز کا وہ مذاق اڑاتے تھے اس نے ان کو آ گھیرا۔

۲۷۔ اور تمہارے ارد گرد کی بستیوں کو ہم نے ہلاک کر دیا اور باری باری اپنی نشانیاں ظاہر کر دیں تاکہ وہ رجوع کریں۔

۲۸. تو جن کو ان لوگوں نے اللہ کی قربت حاصل کرنے کے لیے اللہ کے سوا معبود بنایا تھا انہوں نے ان کی کیوں مدد نہ کی ؟ بلکہ وہ ان کے سامنے سے گم ہو گئے۔ اور یہ ان کا جھوٹ تھا اور یہ وہ افترا کیا کرتے تھے

۲۹. اور جب ہم نے جنوں میں سے ایک گروہ کو تمہاری طرف متوجہ کردیا کہ قرآن سنیں تو جب وہ اس کے پاس آئے تو آپس میں کہنے لگے کہ خاموش رہو۔ جب ختم ہوا تو اپنی برادری کے لوگوں میں واپس گئے کہ ان کو نصیحت کریں۔

۳۰. کہنے لگے کہ ، اے قوم! ہم نے ایک کتاب سنی ہے جو موسیٰ کے بعد نازل ہوئی۔ جو کتابیں اس سے پہلے نازل ہوئی ہیں ان کی تصدیق کرتی ہے۔ سچا دین اور سیدھا رستہ بتاتی ہے۔

۳۱. اے قوم! اللہ کی طرف بلانے والے کی بات قبول کرو اور اس پر ایمان لاؤ۔ اللہ تمہارے گناہ بخش دے گا۔ اور تمہیں دکھ دینے والے عذاب سے پناہ میں رکھے گا۔

۳۲. اور جو شخص اللہ کی طرف بلانے والے کی بات قبول نہ کرے گا تو وہ زمین میں اللہ کو عاجز نہیں کرسکے گا اور نہ اس کے سوا اس کے حمایتی ہوں گے یہ لوگ صریح گمراہی میں ہیں

۳۳. کیا انہوں نے نہیں سمجھا کہ جس اللہ نے آسمانوں اور زمین کو پیدا کیا اور ان کے پیدا کرنے سے تھکا نہیں وہ اس بات پر بھی قادر رہے کہ مردوں کو زندہ کردے ہاں ہاں وہ ہر چیز پر قادر ہے

۳۴۔ اور جس دن انکار کرنے والے آگ کے سامنے کیے جائیں گے ۔ کیا یہ سچ نہیں ہے؟ تو کہیں گے کیوں نہیں ہمارے رب کی قسم حق ہے ۔ حکم ہوگا کہ تم جو دنیا میں انکار کیا کرتے تھے اب عذاب کے مزے چکھو۔

۳۵۔ پس جس طرح عالی ہمت پیغمبر صبر کرتے رہے ہیں اسی طرح آپ بھی صبر کرو اور ان کے لیے عذاب جلدی نہ مانگو۔ جس دن یہ اس چیز کو دیکھیں گے جس کا ان سے وعدہ کیا جاتا ہے تو خیال کریں گے کہ گویا دنیا میں رہے ہی نہ تھے مگر گھڑی بھر دن ۔ یہ قرآن کا پیغام ہے ۔ سو اب وہی ہلاک ہوں گے جو نافرمان تھے ۔

۴۷۔ سورۃ محمد

١.   جن لوگوں نے کفر کیا اور دوسروں کو اللہ کے رستے سے روکا اللہ نے ان کے اعمال برباد کر دیے

٢.   اور جو ایمان لائے اور نیک عمل کرتے رہے اور جو کتاب محمد پر نازل ہوئی اسے مانتے رہے اور وہ ان کے رب کی طرف سے برحق ہے ان سے ان کے گناہ دور کر دیے اور ان کی حالت سنوار دی۔

٣.   یہ اس لیے ہوا، کہ جو منکر ہوئے انہوں نے جھوٹی بات کی پیروی کی اور جو ایمان لائے اور اپنے رب کے دین حق کے پیچھے چلے اسی طرح اللہ لوگوں سے ان کے حالات بیان کرتا ہے.

۴.   جب تم کافروں سے بھڑ جاؤ تو ان کی گردنیں اڑا دو یہاں تک کہ جب ان کو خوب قتل کر چکو تو جو زندہ پکڑے جائیں ان کو مضبوطی سے قید کر لو پھر اس کے بعد یا تو احسان رکھ کر چھوڑ دینا چاہیے یا کچھ مال لے کر۔ یہاں تک کہ دشمن ہتھیار ڈال دے یہ حکم یاد رکھو اور اگر اللہ چاہتا تو اور طرح ان سے انتقام لے لیتا لیکن اس نے چاہا کہ تمہاری آزمائش ایک سے

دوسروں کو لڑوا کر کرے اور جو لوگ اللہ کی راہ میں مارے گئے ان کے عملوں کو ہرگز ضائع نہیں کرے گا۔

۵. بلکہ ان کو سیدھے رستے پر چلائے گا اور ان کی حالت درست کر دے گا۔

۶. اور ان کو بہشت میں داخل کر دے گا جس سے ان کو واقف کروایا جا چکا ہے

۷. اے اہل ایمان اگر تم اللہ کی مدد کرو گے تو وہ بھی تمہاری مدد کرے گا اور تم کو ثابت قدم رکھے گا۔

۸. اور جو کافر ہیں ان کے لیے ہلاکت ہے اور وہ ان کے اعمال کو برباد کر دے گا

۹. یہ اس لیے کہ اللہ نے جو چیز نازل فرمائی انہوں نے اس کو پسند نہ کیا تو اللہ نے ان کے اعمال اکارت کر دیے۔

۱۰. کیا انہوں نے ملک کی سیر نہیں کی تا کہ دیکھتے کہ جو لوگ ان سے پہلے تھے ان کا انجام کیسا ہوا؟ اللہ نے ان پر تباہی ڈال دی اور اسی طرح کا عذاب ان کافروں کو ہو گا

۱۱. یہ اس لیے کہ مومن کا کارساز اللہ ہے اور کافروں کا کوئی کارساز نہیں

۱۲. بیشک جو لوگ ایمان لائے اور نیک عمل کرتے رہے ان کو اللہ بہشتوں میں جن کے نیچے نہریں بہہ رہی ہیں داخل کرے گا۔ اور جو کافر ہیں وہ فائدے اٹھاتے ہیں اور اس طرح کھاتے ہیں جیسے حیوان کھاتے ہیں اور ان کا ٹھکانا دوزخ ہے۔

۱۳۔ اور بہت سی بستیاں تمہاری بستی سے جس کے رہنے والوں نے تمہیں وہاں سے نکال دیا زور اور قوت میں تم سے کہیں بڑھ کر تھیں ہم نے ان کو تباہ و برباد کر دیا اور ان کا کوئی مددگار نہ ہوا

۱۴۔ بھلا جو شخص اپنے رب کی مہربانی سے کھلے رستے پر چل رہا ہو وہ ان کی طرح ہو سکتا ہے جن کے اعمال بد انہیں اچھے کر کے دکھائے جائیں اور جو اپنی خواہشوں کی پیروی کریں۔

۱۵۔ جنت، جس کا پرہیزگاروں سے وعدہ کیا جاتا ہے اس کی خاصیت یہ ہے کہ اس میں پانی کی نہریں ہیں جو بو نہیں کرے گا اور دودھ کی نہریں ہیں جس کا مزہ نہیں بدلے گا اور شراب کی نہریں ہیں جو پینے والوں کے لیے سراسر لذت ہیں اور خالص شہد کی نہریں ہیں (جو خوب میٹھی ہیں) اور وہاں ان کے لیے ہر قسم کے میوے ہیں اور ان کے رب کی طرف سے مغفرت ہے۔ کیا یہ پرہیزگاران کی طرح ہو سکتے ہیں جو ہمیشہ دوزخ میں رہیں گے اور جن کو کھولتا ہوا پانی پلایا جائے گا جو ان کی انتڑیوں کو کاٹ ڈالے گا۔

۱۶۔ اور ان میں بعض ایسے بھی ہیں جو تمہاری طرف کان لگائے رہتے ہیں یہاں تک کہ سب کچھ سنتے ہیں لیکن جب تمہارے پاس سے چلے جاتے ہیں تو علم دین رکھنے والوں کو کہتے ہیں کہ بھلا انہوں نے ابھی کیا کہا تھا؟ یہی لوگ ہیں جن کے دلوں پر اللہ نے مہر لگا رکھی ہے اور وہ اپنی خواہشوں کے پیچھے چل رہے ہیں۔

۱۷۔ اور جو لوگ ہدایت رکھتے ہیں ان کو وہ اور بھی ہدایت دیتا ہے اور پرہیزگاری عنایت کرتا ہے۔

۱۸۔ اب تو یہ لوگ قیامت ہی کو دیکھتے ہیں کہ اچانک ان پر آجائے سو اس کی نشانیاں وجود میں آچکی ہیں پھر جب وہ ان پر نازل ہوگی اس وقت انہیں نصیحت کوئی کام نہ دے سکے گی۔

۱۹۔ پس جان لو کہ اللہ کے سوا کوئی معبود نہیں، اور اپنے گناہوں کی معافی مانگو اور ساتھ ہی مومن مردوں، مومن عورتوں کے لیے بھی۔ اور اللہ تمہارے چلنے پھرنے اور ٹھہرنے سے خوب واقف ہے

۲۰۔ اور مومن لوگ کہتے ہیں کہ جہاد کی کوئی سورت نازل کیوں نہیں ہوتی؟ لیکن جب صاف لفظوں میں سورت نازل ہوتی ہے اور اس میں جہاد کا ذکر ہو۔ تو جن لوگوں کے دلوں میں نفاق کا مرض ہے تو تم دیکھو گے کہ وہ تمہاری طرف یوں دیکھیں گے جیسے کسی پر موت کی بے ہوشی طاری ہو رہی ہو، سو ان کے لیے خرابی ہے۔

۲۱۔ (اچھا کام تو یہ ہے) فرمانبرداری اور پسندیدہ بات کہنا ہے۔ پھر جب جہاد کی بات پکی ہو گئی تو اگر یہ لوگ اللہ سے سچے رہنا چاہتے تو ان کے لیے بہت اچھا ہوتا۔

۲۲۔ اے منافقو! تم سے عجب نہیں کہ اگر تم حاکم ہو جاؤ تو ملک میں خرابی کرنے لگو اور اپنے رشتہ داروں سے قطع تعلق کرو گے۔

۲۳۔ یہی لوگ ہیں جن پر اللہ نے لعنت کی ہے ان کے کانوں کو بہرا اور ان کی آنکھوں کو اندھا کر دیا ہے۔

۲۴۔ بھلا یہ لوگ قرآن پر غور نہیں کرتے یا ان کے دلوں پر قفل لگ رہے ہیں۔

۲۵۔ جو لوگ راہ ہدایت ظاہر ہونے کے بعد پیٹھ دے کر پھر گئے شیطان نے یہ کام ان کو خوبصورت کرکے دکھایا اور (انہیں لمبی عمر کی) امید دلائی

۲۶۔ یہ اس لیے کہ جو لوگ اللہ کی اتاری ہوئی کتاب سے بے زار ہیں یہ ان سے کہتے ہیں کہ بعض کاموں میں ہم تمہاری بات بھی مانیں گے اور اللہ ان کے پوشیدہ مشوروں سے واقف ہے۔

۲۷۔ تو اس وقت ان کا کیسا حال ہو گا جب فرشتے ان کی جان نکالیں گے اور ان کے مونہوں اور پیٹھوں پر مارتے جائیں گے

۲۸۔ یہ اس لیے کہ جس بات سے اللہ ناخوش ہے یہ اس کے پیچھے چلے اور اس کی رضا کو اچھا نہ سمجھا تو اللہ نے بھی ان کے عملوں کو برباد کر دیا

۲۹۔ کیا وہ لوگ جن کے دلوں میں بیماری ہے یہ سوچے ہوئے ہیں کہ اللہ ان کے کینوں کو ظاہر نہیں کرے گا؟

۳۰. اور اگر ہم چاہتے تو وہ لوگ تم کو دکھا بھی دیتے اور تم ان کو ان کے چہروں سے ہی پہچان لیتے اور تم ان کو ان کے انداز گفتگو سے ہی پہچان لو گے اور اللہ تمہارے اعمال سے واقف ہے۔

۳۱. اور ہم تم لوگوں کو آزمائیں گے تاکہ جو تم میں لڑائی کرنے والے ثابت قدم رہنے والے ہیں ان کو معلوم کریں اور تمہارے حالات جانچ لیں

۳۲. جن لوگوں کو سیدھا رستہ معلوم ہو گیا اور پھر بھی انہوں نے کفر کیا اور لوگوں کو اللہ کی راہ سے روکا اور پیغمبر کی مخالفت کی وہ اللہ کا کچھ بھی بگاڑ نہیں سکیں گے اور اللہ ان کا سب کیا کرایا اکارت کر دے گا۔

۳۳. مومنو! اللہ کا کہا مانو اور پیغمبر کی فرمانبرداری کرو اور اپنے عملوں کو ضائع نہ ہونے دو

۳۴. یہ لوگ کافر ہوئے اور اللہ کے رستے سے روکتے رہے پھر کافر مر گئے اللہ ان کو ہرگز نہیں بخشے گا۔

۳۵. تو تم ہمت نہ ہارو اور دشمنوں کو صلح کی طرف نہ بلاؤ۔ تم تو غالب ہو اور اللہ تمہارے ساتھ ہے وہ ہرگز تمہارے اعمال کو ضائع نہیں کرے گا

۳۶. دنیا کی زندگی تو محض کھیل اور تماشہ ہے اور اگر تم ایمان لاؤ گے اور پرہیزگاری کرو گے تو وہ تم کو تمہارا اجر دے گا اور تم سے تمہارا مال طلب نہیں کرے گا

۳۷۔ اگر وہ تم سے مال طلب کرے اور تم پر تنگی کرے تو تم بخل کرنے لگو اور وہ بخل تمہاری بدنیتی ظاہر کرکے رہے

۳۸۔ دیکھو تم وہ لوگ ہو کہ اللہ کی راہ میں خرچ کرنے کے لیے بلائے جاتے ہو تو تم میں ایسے لوگ بھی ہیں جو بخل کرنے لگتے ہیں اور جو بخل کرتا ہے اپنے آپ سے بخل کرتا ہے۔ اللہ بے نیاز ہے اور تم محتاج ہو۔ اور اگر تم منہ پھیرو گے تو وہ تمہاری جگہ اور لوگوں کو لے آئے گا اور وہ تمہارے جیسے نہیں ہوں گے۔

۴۸۔ سورۃ الفتح

۱۔ اے محمدﷺ ہم نے آپ کو فتح دی ایک واضح فتح

۲۔ تاکہ اللہ آپ کے اگلے اور پچھلے گناہ معاف کر دے اور آپ پر اپنی نعمت پوری کر دے اور آپ کو سیدھے راستہ پر چلائے

۳۔ اور اللہ آپ کی زبردست مدد کرے۔

۴۔ وہی تو ہے جس نے مومنوں کے دلوں پر تسلی نازل فرمائی تاکہ ان کے ایمان کے ساتھ اور ایمان بڑھے اور آسمانوں اور زمین کے لشکر سب اللہ ہی کے ہیں اور اللہ جاننے والا اور حکمت والا ہے۔

۵۔ یہ اس لیے کہ مومن مردوں اور مومن عورتوں کو بہشتوں میں جن کے نیچے نہریں بہہ رہی ہیں داخل کرے وہ اس میں ہمیشہ رہیں گے اور ان سے ان کے گناہوں کو دور کر دے اور یہ اللہ کے نزدیک بڑی کامیابی ہے

۶۔ اور اس لیے کہ منافق مردوں اور منافق عورتوں، مشرک مردوں اور مشرک عورتوں جو اللہ کے حق میں برے برے خیالات رکھتے ہیں عذاب دے۔ انہی پر برے حادثے واقع ہوں اور اللہ ان پر ناراض ہوا اور ان پر لعنت کی اور ان کے لیے دوزخ تیار کی اور وہ بری جگہ ہے

۷۔ آسمانوں اور زمین کے لشکر اللہ ہی کے ہیں اور اللہ غالب و حکمت والا ہے۔

۸۔ (اور اے محمد صلی اللہ علیہ وآلہ وسلم!) ہم نے آپ کو گواہی دینے والا اور خوشخبری سنانے والا اور خوف دلانے والا بنا کر بھیجا ہے۔

۹۔ تاکہ (مسلمانو!) تم لوگ اللہ پر اور اس کے پیغمبر پر ایمان لاؤ اور اس کی مدد کرو اور اس کی عزت کرو اور صبح شام اس (اللہ) کی تسبیح کرتے رہو۔

۱۰۔ جو لوگ آپ سے بیعت کرتے ہیں وہ اللہ سے بیعت کرتے ہیں اللہ کا ہاتھ ان کے ہاتھوں پر ہے، پھر جو عہد کو توڑے تو عہد توڑنے کا نقصان اسی کو ہے اور جو اس بات کو جس کا اس نے اللہ سے عہد کیا ہے پورا کرے تو عنقریب وہ اسے اس کا اجر عظیم دے گا

۱۱۔ جو گنوار پیچھے رہ گئے وہ آپ سے کہیں گے کہ ہم کو ہمارے مال اور اہل و عیال نے روک رکھا آپ ہمارے لیے اللہ سے بخشش مانگیں یہ لوگ اپنی زبان سے وہ بات کہتے ہیں جو ان کے دل میں نہیں ہے۔ کہہ دو کہ اگر اللہ تم لوگوں کو نقصان پہچانا چاہے یا تمہیں

فائدہ پہچانے کا ارادہ کرلے تو کون ہے جو اس کے سامنے تمہارے لیے کسی بات کا کچھ اختیار رکھے؟ کوئی نہیں بلکہ تم جو کچھ کرتے ہو اللہ اس سے واقف ہے۔

۱۲۔ بات یہ ہے کہ تم لوگ یہ سمجھ بیٹھے تھے کہ پیغمبر اور مومن اپنے اہل و عیال میں کبھی لوٹ کر نہ آئیں گے اور یہی بات تمہارے دلوں کو اچھی معلوم ہوئی اور اسی وجہ سے تم نے برے برے خیال کیے اور آخر کار تم ہلاکت میں پڑ گئے۔

۱۳۔ اور جو شخص اللہ اور اس کے پیغمبر پر ایمان نہ لائے تو ہم نے ایسے کفار کے لیے آگ تیار کر رکھی ہے۔

۱۴۔ آسمانوں اور زمین کی بادشاہی اللہ ہی کی ہے وہ جسے چاہے بخش دے اور جسے چاہے سزا دے اور اللہ بخشنے والا مہربان ہے۔

۱۵۔ جب تم لوگ غنیمت لینے چلو گے تو جو لوگ پیچھے رہ گئے تھے وہ کہیں گے ہمیں بھی اجازت دیں کہ آپ کے ساتھ چلیں، یہ چاہتے ہیں کہ اللہ کے قول کو بدل دیں۔ کہہ دو کہ تم ہرگز ہمارے ساتھ نہیں چل سکتے۔ اسی طرح اللہ نے پہلے سے فرما دیا ہے۔ پھر کہیں گے نہیں تم تو ہم سے حسد کرتے ہو۔ بات یہ ہے کہ یہ لوگ سمجھتے ہی نہیں مگر بہت کم۔

۱۶۔ جو گنوار پیچھے رہ گئے تھے ان سے کہہ دو کہ تم جلد ایک سخت جنگجو قوم کے ساتھ لڑائی کے لیے بلائے جاؤ گے ان سے تم یا تو جنگ کرتے رہو گے یا وہ اسلام لے آئیں گے اگر

تم حکم مانو گے تو اللہ تمہیں اچھا بدلہ دے گا اور اگر منہ پھیر لو گے جیسے پہلی دفعہ پھیرا تھا تو وہ تم کو بری تکلیف کی سزا دے گا

۱۷. نہ تو اندھے پر گناہ ہے کہ (جنگ میں شامل نہ ہو)۔ نہ لنگڑے پر گناہ ہے اور نہ بیمار پر گناہ ہے۔ اور جو شخص اللہ اور اس کے پیغمبر کے فرمان پر چلے گا اللہ اس کو بہشتوں میں داخل کرے گا جن کے نیچے نہریں بہہ رہیں ہیں اور جو حکم عدولی کرے گا اسے دردناک عذاب دے گا

۱۸. اے پیغمبر ﷺ جب مومن آپ سے درخت کے نیچے بیعت کر رہے تھے تو اللہ ان سے خوش ہوا اور جو سچائی اور خلوص ان کے دل میں تھا وہ اللہ کو معلوم تھا تو ان پر تسلی نازل فرمائی اور انہیں جلد فتح عنایت فرمائی۔

۱۹. اور بہت سی غنیمتیں جو انہوں نے حاصل کیں اور اللہ غالب حکمت والا ہے۔

۲۰. اللہ نے تم سے بہت سی غنیمتوں کی تمہارے لیے جلدی فرمائی اور لوگوں کے ہاتھ تم سے روک دیئے۔ غرض یہ تھی کہ یہ مومنوں کے لیے اللہ کی قدرت کا نمونہ ہے اور وہ تم کو سیدھے رستے پر چلائے۔

۲۱. اور مزید غنیمتیں دے جن پر تم قدرت نہیں رکھتے اور وہ اللہ ہی کی قدرت میں تھیں اور اللہ ہر چیز پر قادر ہے

۲۲۔ اور اگر تم سے کافر لڑتے تو پیٹھ پھیر کر بھاگ جاتے پھر کسی کو دوست نہ پاتے اور نہ مددگار۔

۲۳۔ یہی اللہ کا دستور ہے جو پہلے سے چلا آتا ہے اور اللہ کے دستور کو بدلتے ہوئے تم کبھی نہ دیکھو گے۔

۲۴۔ اور وہی تو ہے جس نے تم کو ان کافروں پر فتح یاب کرنے کے بعد مکہ کی سرحد پر ان کے ہاتھ تم سے اور تمہارے ہاتھ ان سے روک دیئے اور جو کچھ تم کرتے ہو اللہ اس کو دیکھ رہا ہے۔

۲۵۔ یہ وہی لوگ ہیں جنہوں نے کفر کیا اور تم کو مسجد حرام سے روک دیا اور قربانیوں کو بھی کہ اپنی جگہ پہنچنے سے رکی رہیں اور اگر ایسے ایمان والے مرد اور مومنہ عورتیں نہ ہوتیں جن کو تم جانتے نہ تھے کہ اگر تم ان کو پامال کر دیتے تو تم کو ان کی طرف سے بے خبری میں نقصان پہنچ جاتا اللہ اپنی رحمت میں جس کو چاہے داخل کرے اور اگر دونوں فریق الگ الگ ہو جاتے تو جو ان میں کافر تھے ان کو ہم دکھ دینے والا عذاب دیتے

۲۶۔ جب کفار نے اپنے دلوں میں ضد کی اور وہ بھی جاہلیت کی تو اللہ نے اپنے پیغمبر اور مومنوں پر اپنی طرف سے تسکین نازل فرمائی اور ان کو پرہیزگاری کی بات پر قائم رکھا اور وہ اسی کے مستحق تھے اور اللہ ہر چیز سے خبردار ہے۔

۲۷۔ بیشک اللہ نے اپنے پیغمبر کو سچا اور ٹھیک خواب دکھایا کہ اللہ نے چاہا تو تم مسجد حرام میں اپنے سر منڈوا کر اور اپنے بال کتروا کر امن و امان سے داخل ہوگے اور کسی طرح کا خوف نہ کرو گے جو بات تم نہیں جانتے تھے اس کو معلوم تھی سو اس نے اس سے پہلے ہی جلد فتح کرا دی۔

۲۸۔ وہی تو ہے جس نے اپنے پیغمبر کو ہدایات کی کتاب اور دین حق دے کر بھیجا تاکہ اس کو تمام دینوں پر غالب کرے اور (حق ظاہر کرنے کے لیے) اللہ ہی کافی ہے۔

۲۹۔ محمد ﷺ اللہ کے پیغمبر ہیں اور جو لوگ ان کے ساتھ ہیں وہ کفار کے حق میں سخت ہیں اور آپس میں رحم دل، (اے دیکھنے والے) تو ان کو دیکھتا ہے کہ اللہ کے آگے جھکے ہوئے سر بسجود ہیں اللہ کا فضل اور اس کی خوشنودی طلب کر رہے ہیں زیادہ سجدوں کی وجہ سے ان کے ماتھوں پر نشان پڑے ہوئے ہیں ان کی یہی صفات تورات میں لکھی ہوئی ہیں اور انجیل میں بھی۔ یہ (لوگ گویا) ایک ایسی کھیتی ہیں جس نے پہلے زمین سے اپنی سوئی نکالی، پھر اس کو مضبوط کیا، پھر موٹی ہوئی اور پھر اپنی نال پر سیدھی کھڑی ہوگئی اور کھیتی والوں کو خوش کرنے لگی تاکہ کافروں کا دل جلائے جو لوگ ان میں سے ایمان لائے اور نیک عمل کرتے رہے ان سے اللہ نے گناہوں کی بخشش اور اجر عظیم کا وعدہ کیا ہے۔

۴۹۔ سورۃ الحجرات

۱۔ اے مومنو! کسی بات کے جواب میں اللہ اور اس کے رسول ﷺ سے آگے نہ بڑھو اور اللہ سے ڈرو بیشک وہ سننے والا اور جاننے والا ہے۔

۲۔ اے ایمان والو اپنی آوازیں پیغمبر ﷺ کی آواز سے اونچی نہ کرو۔ اور جس طرح آپس میں اونچا بولتے ہو اس طرح ان ﷺ کے سامنے اونچا نہ بولا کرو ایسا نہ ہو کہ تمہارے اعمال ضائع ہو جائیں اور تمہیں خبر بھی نہ ہو۔

۳۔ جو لوگ رسول اللہ کے سامنے بات کرتے ہوئے اپنی آواز نیچی رکھتے ہیں۔ اصل میں یہ وہی لوگ ہیں جن کو اللہ نے تقویٰ کے لیے جانچ لیا ہے۔ ان کے لیے مغفرت ہے اور اجر عظیم ہے۔

۴۔ اے نبی ﷺ جو لوگ حجروں کے باہر سے آپ کو پکارتے ہیں۔ ان میں سے اکثر بے عقل ہیں۔

۵۔ اگر وہ آپ کے باہر آنے تک صبر کرتے تو انہی کے لیے بہتر تھا۔ اللہ درگزر کرنے والا اور رحم کرنے والا ہے

۶. اے لوگو جو ایمان لائے ہو! اگر کوئی فاسق تمہارے پاس کوئی خبر لے کر آئے تو تحقیق کر لیا کرو۔ ایسا نہ ہو کہ کسی قوم کو نادانی سے نقصان پہنچا دو اور تمہیں اپنے کیے پر شرمندہ ہونا پڑے۔

۷. خوب جان رکھو کہ تمہارے درمیان اللہ کا رسول موجود ہے۔ اگر وہ بہت سے معاملات میں تمہاری بات مان لیا کریں تو تم مشکلات میں پڑ جاؤ۔ مگر اللہ نے تمہاری طرف ایمان کو محبوب جانا ہے اور اسے تمہارے دلوں میں مزین کر دیا ہے۔ اور کفر، گناہ اور نافرمانی کو تم سے ناپسند کیا ہے۔ ایسے ہی لوگ اللہ کے فضل واحسان سے راہ راست پر ہیں۔

۸. اور اللہ سب سے زیادہ جاننے والا اور دانائی والا ہے

۹. اور اگر اہل ایمان میں سے دو گروہ آپس میں لڑ پڑیں تو ان میں صلح کروادو۔ پھر ان میں سے اگر ایک گروہ دوسرے سے زیادتی کرے تو اس سے لڑو یہاں تک کہ وہ اللہ کے حکم کی طرف پلٹ آئے اور پھر جب وہ اللہ کی طرف پلٹ آئے تو ان کے درمیان عدل اور انصاف سے صلح کرادو۔ اللہ انصاف کرنے والوں کو پسند کرتا ہے

۱۰. مومن تو ایک دوسرے کے بھائی ہیں، لہٰذا اپنے بھائیوں کے درمیان تعلقات کو درست کرو اور اللہ سے ڈرو امید ہے کہ تم پر رحم کیا جائے گا۔

۱۱. اے ایمان والو! نہ مرد دوسرے مردوں کا مذاق اڑائیں، ہو سکتا ہے کہ وہ ان سے بہتر ہوں اور نہ عورتیں دوسری عورتوں کا مذاق اڑائیں ہو سکتا ہے کہ وہ ان سے بہتر ہوں۔

آپس میں ایک دوسرے کو طعن نہ کرو اور نہ ایک دوسرے کو برے القاب سے یاد کرو۔ ایمان لانے کے بعد فسق میں نام پیدا کرنا بہت بری بات ہے اور جو اس روش سے باز نہ آئیں وہی ظالم ہیں۔

۱۲. اے لوگو جو ایمان لائے ہو، بہت گمان کرنے سے پرہیز کرو۔ کہ بعض گمان گناہ ہوتے ہیں اور تجسس نہ کرو اور تم میں سے کوئی کسی کی غیبت نہ کرے۔ کیا تم میں سے کوئی ایسا ہے جو اپنے مرے ہوئے بھائی کا گوشت کھانے کے لیے تیار ہو؟ دیکھو تم کو بھی اس سے گھن آئے گی۔ اللہ سے ڈرو اللہ بڑا توبہ قبول کرنے والا اور رحیم ہے (رحم کرنے والا ہے)۔

۱۳. لوگو! ہم نے تم کو ایک مرد اور ایک عورت سے پیدا کیا اور پھر تمہاری قومیں اور برادریاں بنا دیں تاکہ تم ایک دوسرے کو پہچانو۔ اصل میں اللہ کے نزدیک تم میں سب سے زیادہ عزت والا وہ ہے جو تمہارے اندر سب سے زیادہ پرہیزگار ہے۔ یقیناً اللہ سب کچھ جاننے والا اور خبر رکھنے والا ہے۔

۱۴. یہ دیہاتی کہتے ہیں کہ ہم ایمان لے آئے۔ فرما دیں کہ تم ایمان نہیں لائے بلکہ یوں کہو کہ ہم اسلام لائے ہیں اور ایمان تو ابھی تمہارے دلوں میں داخل ہی نہیں ہوا۔ اور اگر تم اللہ اور اس کے رسول کی فرمانبرداری کرو گے تو اللہ تمہارے اعمال میں سے کچھ کم نہیں کرے گا۔ بیشک اللہ بخشنے والا مہربان ہے۔

۱۵۔   مومن تو وہ ہیں جو اللہ اور اس کے رسول پر ایمان لائے ، پھر شک میں نہ پڑے اور اللہ کی راہ میں مال اور جان سے لڑے یہی لوگ ایمان کے سچے ہیں ۔

۱۶۔   فرما دیں کیا تم اللہ کو اپنی دینداری کی اطلاع دے رہے ہو۔ اور اللہ تو آسمانوں اور زمین کی تمام چیزوں سے واقف ہے ۔

۱۷۔   اور اللہ ہر چیز کو جانتا ہے ۔ یہ لوگ آپ پر احسان جتاتے ہیں کہ انہوں نے اسلام قبول کر لیا ہے ۔ ان سے کہو کہ اپنے اسلام کا احسان مجھ پر نہ رکھو۔ بلکہ اللہ تم پر اپنا احسان رکھتا ہے کہ اس نے تمہیں ایمان کی ہدایت کی اگر تم سچے (مسلمان) ہو۔

۱۸۔   بیشک اللہ زمین و آسمان کی ہر پوشیدہ چیز کا علم رکھتا ہے ۔ اور جو کچھ تم کرتے ہو وہ سب اسے دیکھتا ہے

۵۰۔ سورة ق

۱۔ ق قرآن مجید کی قسم

۲۔ لیکن ان لوگوں نے تعجب کیا کہ انہی میں سے ایک ڈرانے والا ان کے پاس آیا تو کافر کہنے لگے کہ یہ بات تو بڑی عجیب ہے

۳۔ بھلا جب ہم مر گئے مٹی ہو گئے تو پھر زندہ ہوں گے؟ یہ زندہ ہونا عقل سے دور ہے

۴۔ ان کے جسموں کو زمین جتنا کھا کھا کر کم کرتی جاتی ہے ہم کو معلوم ہے اور ہمارے پاس تحریری یادداشت بھی ہے۔

۵۔ بلکہ عجیب بات یہ ہے کہ جب ان کے پاس دین حق آپہنچا تو انہوں نے اس کو جھوٹ سمجھا سو یہ ایک الجھی ہوئی بات میں پڑ رہے ہیں۔

۶۔ کیا انہوں نے اپنے اوپر آسمان کی طرف نگاہ نہیں کی کہ ہم نے اس کو کیونکر بنایا اور کیونکر سجایا اور اس میں کہیں شگاف تک نہیں

۷. اور زمین کو دیکھو اسے ہم نے پھیلایا اور اس میں پہاڑ رکھ دیے اور اس میں ہر طرح کی خوشنما چیزیں اگائیں

۸. تاکہ رجوع کرنے والے بندے ہدایت اور نصیحت حاصل کریں۔

۹. اور آسمان سے برکت والا پانی اتارا اور اس سے باغ اور گلستان اگائے اور کھیتی کا اناج۔

۱۰. اور لمبی لمبی کھجوریں جن کا خوشہ تہ بہ تہ ہوتا ہے۔

۱۱. یہ سب کچھ بندوں کو روزی دینے کے لیے کیا ہے اور اس پانی سے ہم نے شہر مردہ (مردہ زمین) کو زندہ کیا بس اسی طرح (قیامت کے روز) نکل پڑنا ہے۔

۱۲. اس سے پہلے نوحؑ کی قوم اور کنوئیں والے اور ثمود جھٹلا چکے ہیں۔

۱۳. عاد فرعون اور لوطؑ کے بھائی

۱۴. بن کے رہنے والے اور تبع کی قوم غرض ان سب نے پیغمبروں کو جھٹلایا تو ہماری وعید بھی پوری ہو کر رہی

۱۵. کیا ہم پہلی بار پیدا کر کے تھک گئے ہیں؟ نہیں بلکہ یہ دوبارہ پیدا کرنے پر شک میں پڑ گئے ہیں

۱۶. اور ہم ہی نے انسان کو پیدا کیا ہے اور جو خیالات اس کے دل میں گزرتے ہیں (ہم ان کو جانتے ہیں) اور ہم اس کی رگ جان سے بھی زیادہ اس کے قریب ہیں۔

۱۷۔ جب وہ کوئی کام کرتا ہے تو دو لکھنے والے جو دائیں بائیں بیٹھتے ہیں لکھ لیتے ہیں۔

۱۸۔ کوئی بات اس کی زبان پر نہیں آتی مگر ایک نگہبان اس کے پاس تیار رہتا ہے۔

۱۹۔ اور موت کی بے ہوشی حقیقت کھولنے کو طاری ہوگئی (اے انسان) یہی وہ حالت ہے جس سے تو بھاگتا تھا۔

۲۰۔ اور صور پھونکا جائے گا۔ یہی عذاب کی وعید کا دن ہے۔

۲۱۔ اور ہر شخص ہمارے سامنے آئے گا ایک فرشتہ اس کے ساتھ چلانے والا ہوگا اور ایک اس کے عملوں کی گواہی دینے والا

۲۲۔ یہ دن ہے کہ اس سے تو غافل ہو رہا تھا اب ہم نے تجھ پر سے پردہ اٹھا دیا تو آج تیری نگاہ بڑی تیز ہے

۲۳۔ اور اس کا ساتھی فرشتہ کہے گا کہ یہ اعمال نامہ میرے پاس حاضر ہے

۲۴۔ حکم ہوگا کہ ہر سرکش ناشکرے کو دوزخ میں ڈال دو۔

۲۵۔ جو مال میں بخل کرنے والا حد سے بڑھنے والا اور شبہ نکالنے والا تھا۔

۲۶۔ جس نے اللہ کے ساتھ اور معبود مقرر کر رکھے تھے تو اس کو سخت عذاب میں ڈال دو۔

۲۷۔ اس کا ساتھی (فرشتہ) کہے گا کہ اے میرے رب میں نے اس کو گمراہ نہیں کیا تھا بلکہ یہ خود ہی رستے سے دور بھٹکا ہوا تھا۔

۲۸.   اللہ کہے گا کہ ہمارے ساتھ جھگڑا نہ کرو ہم تمہارے پاس پہلے ہی عذاب کی خبر بھیج چکے تھے۔

۲۹.   ہمارے ہاں بات بدلا نہیں کرتی اور ہم بندوں پر ظلم نہیں کیا کرتے۔

۳۰.   اس دن ہم دوزخ سے پوچھیں گے کہ کیا تو بھر گئی؟ وہ کہے گی کچھ اور بھی ہے؟۔

۳۱.   اور بہشت پرہیزگاروں کے قریب کر دی جائے گی بالکل دور نہ ہوگی

۳۲.   یہی وہ چیز ہے جس کا تم سے وعدہ کیا جاتا تھا ہر رجوع لانے والے حفاظت کرنے والے سے۔

۳۳.   جو اللہ سے بغیر دیکھے ڈرتا رہا اور رجوع لانے والا دل لے کر آیا

۳۴.   اس میں سلامتی کے ساتھ داخل ہو جاؤ یہ ہمیشہ رہنے کا دن ہے۔

۳۵.   وہاں جو چاہیں گے ان کے لیے حاضر ہے اور ہمارے ہاں اور بھی بہت کچھ ہے۔

۳۶.   اور ہم نے ان سے پہلے کئی اُمتیں ہلاک کر ڈالیں وہ ان سے قوت میں کہیں بڑھ کر تھے وہ شہروں میں گشت کرنے لگے کیا کوئی بھاگنے کی جگہ ہے۔

۳۷.   جو شخص دل آگاہ رکھتا ہے یا (دل سے) متوجہ ہو کر سنتا ہے اس کے لیے اس میں نصیحت ہے۔

۳۸.   اور ہم نے آسمانوں اور زمین کو اور جو مخلوقات ان کے درمیان ہے سب کو چھ دن میں بنا دیا اور ہم ذرا بھی نہیں تھکے۔

۳۹. توجو کچھ یہ کفار بکتے ہیں اس پر صبر کرو آفتاب کے طلوع ہونے سے پہلے اور اس کے غروب ہونے سے پہلے اپنے رب کی تعریف کے ساتھ تسبیح کرتے رہو۔

۴۰. اور رات کے بعض اوقات میں بھی اور نماز کے بعد بھی اس کے نام کی پاکی بیان کر

۴۱. اور سنو جس دن پکارنے والا نزدیک کی جگہ سے پکارے گا۔

۴۲. جس دن لوگ چیخ یقیناً سن لیں گے وہی نکل پڑنے کا دن ہے۔

۴۳. ہم ہی تو زندہ کرتے ہیں اور ہم ہی مارتے ہیں اور ہمارے ہی پاس لوٹ کر آنا ہے۔

۴۴. اس دن زمین ان پر پھٹ پڑے گی اور وہ جھٹ پٹ نکل کھڑے ہوں گے یہ جمع کرنا ہمیں آسان ہے۔

۴۵. یہ لوگ جو کچھ کہتے ہیں ہمیں خوب معلوم ہے اور آپ ان پر زبردستی کرنے والے نہیں ہو، پس جو ہمارے عذاب کی خبر سے ڈرے اس کو قرآن سے نصیحت کرتے رہو۔

۵۱۔ سورۃ الذاریات

۱. بکھیرنے والیوں کی قسم جو اڑا کر بکھیر دیتی ہیں

۲. پھر پانی کا بوجھ اٹھاتی ہیں

۳. پھر آہستہ آہستہ چلتی ہیں۔

۴. پھر چیزیں تقسیم کرتی ہیں۔

۵. کہ جس چیز کا تم سے وعدہ کیا جاتا ہے وہ سچا ہے۔

۶. اور انصاف کا دن ضرور واقعہ ہوگا

۷. اور آسمان کی قسم جس میں جال دار رستے ہیں

۸. کہ (اے اہل مکہ) تم ایک جھگڑے کی بات میں پڑے ہوئے ہو۔

۹. اس سے وہی پھرتا ہے جو (اس اللہ) کی طرف سے پھر جائے۔

۱۰. اٹکل دوڑانے والے ہلاک ہوں

۱۱. جو بےخبری میں بھولے ہوئے ہیں۔

۱۲. پوچھتے ہیں کہ جزا کا دن کب ہو گا؟

۱۳. اس دن ہو گا جب ان کو آگ میں عذاب دیا جائے گا۔

۱۴. اب اپنی شرارت کا مزہ چکھو یہ وہی ہے جس کے لیے تم جلدی مچایا کرتے تھے۔

۱۵. بیشک پرہیزگار بہشتوں اور چشموں میں عیش کر رہے ہوں گے۔

۱۶. اور جو جو نعمتیں ان کا رب ان کو دے گا وہ لے رہے ہوں گے بیشک وہ اس سے پہلے نیکیاں کرتے تھے۔

۱۷. رات کے تھوڑے سے حصے میں سوتے تھے

۱۸. اور سحری کے اوقات میں بخشش مانگا کرتے تھے۔

۱۹. اور ان کے مال میں مانگنے والے اور نہ مانگنے والے دونوں کا حق ہوتا تھا

۲۰. اور یقین کرنے والوں کے لیے زمین میں بہت سی نشانیاں ہیں

۲۱. اور خود تمہاری جانوں میں، تو کیا تم دیکھتے نہیں؟

۲۲. تمہارا رزق اور جس چیز کا تم سے وعدہ کیا جاتا ہے آسمان میں ہے۔

۲۳. تو آسمانوں اور زمین کے مالک کی قسم یہ اسی طرح قابل یقین ہے جس طرح تم بات کرتے ہو

۲۴. بھلا تمہارے پاس ابراہیمؑ کے معزز مہمانوں کی خبر پہنچی ہے

۲۵. جب وہ ان کے پاس آئے تو سلام کہا۔ انہوں نے بھی جواب میں سلام کہا۔ دیکھا تو ایسے لوگ کہ نہ جان نہ پہچان۔

۲۶. تو اپنے گھر جا کر ایک بھنا ہوا بچھڑا لائے۔

۲۷. اور کھانے کے لیے ان کے آگے رکھ دیا اور کہنے لگے کہ آپ کھاتے کیوں نہیں؟۔

۲۸. اور دل میں ان سے خوف کھانے لگے۔ انہوں نے کہا کہ خوف نہ کیجئے اور ان کو ایک دانش مند بیٹے کی بشارت دی۔

۲۹. تو (ابراہیمؑ کی بیوی) چلاتی ہوئی آئیں اور اپنے چہرے پر تھپکی ماری۔ کہ او ہو ایک تو بڑھیا اور دوسرے بانجھ۔

۳۰. (میری اولاد کیسے ہو سکتی ہے) انہوں (فرشتوں) نے کہا ہاں تمہارے رب نے ایسے ہی فرمایا ہے بیشک وہ حکمت والا ہے اور خبر دار بھی ہے۔

۳۱. (ابراہیمؑ نے) کہا کہ اے فرشتو! تمہارا کیا مطلب ہے؟

۳۲. فرشتوں نے کہا کہ ہم گنہگاروں کی طرف بھیجے گئے ہیں۔

۳۳. تاکہ ان پر مٹی کے پتھر برسائیں۔

۳۴. ان پر حد سے بڑھ جانے والوں کے نشان لگا دیئے گئے ہیں۔

۳۵. تو وہاں جتنے مومن تھے ان کو ہم نے نکال لیا۔

۳۶۔ اور وہاں ایک گھر کے سوا مسلمانوں کا کوئی گھر نہ پایا

۳۷۔ اور جو لوگ دردناک عذاب سے ڈرتے ہیں ان کیلئے وہاں نشانی چھوڑدی۔

۳۸۔ اور موسیٰ کے حال میں بھی نشانی ہے جب ہم نے اس کو فرعون کی طرف نمایاں معجزہ دے کر بھیجا۔

۳۹۔ تو اس نے اپنی طاقت کے غرور میں منہ موڑ لیا اور کہنے لگا کہ یہ تو جادوگر ہے یا دیوانہ ہے۔

۴۰۔ تو ہم نے اس کو اور اس کے لشکروں کو پکڑ لیا اور ان کو دریا میں پھینک دیا کیونکہ وہ تھا ہی ملامت کے قابل۔

۴۱۔ اور عاد کی قوم کے حالات میں بھی نشانی ہے جب ہم نے ان پر تباہ کن آندھی چلائی۔

۴۲۔ وہ جہاں سے گزرتی ہر چیز کو ریزہ ریزہ کر دیتی۔

۴۳۔ اور ثمود کے حالات بھی نشانی (عبرت) ہے۔ جب ان سے کہا گیا کہ ایک وقت تک فائدہ اٹھا لو۔

۴۴۔ تو انہوں نے اپنے رب کے حکم کی نافرمانی کی سو ان کو کڑک نے آ پکڑا اور وہ دیکھ رہے تھے (بے بس ہو کر)

۴۵۔ پھر وہ نہ تو اٹھنے کی طاقت رکھتے تھے اور نہ مقابلہ کر سکتے تھے۔

۴۶۔ اور اس سے پہلے ہم نوحؑ کی قوم کو ہلاک کر چکے تھے بیشک وہ نافرمان لوگ تھے۔

۴۷۔ اور آسمانوں کو ہم نے (اپنے) ہاتھوں سے بنایا اور ہم وسیع کرنے والے ہیں۔

۴۸۔ اور زمین کو ہم ہی نے بچھایا تو دیکھو ہم خوب بچھانے والے ہیں۔

۴۹۔ اور ہر چیز کے ہم نے جوڑے پیدا کیے تاکہ تم نصیحت پکڑو۔

۵۰۔ تو تم لوگ اللہ کی طرف بھاگ چلو میں تمہیں صاف رستہ بتانے والا ہوں۔

۵۱۔ اور اللہ کے ساتھ کسی اور کو معبود نہ بناؤ اس کی طرف سے میں تمہیں واضح رستہ بتانے والا ہوں۔

۵۲۔ اسی طرح ان سے پہلے لوگوں کے پاس جو پیغمبر آتا وہ اس کو جادوگر یا دیوانہ کہتے۔

۵۳۔ یا یہ لوگ ایک دوسرے کو اسی بات کی وصیت کرتے آئے ہیں بلکہ یہ شریر لوگ ہیں۔

۵۴۔ تو ان سے اعراض کرو تم کو ہماری طرف سے ملامت نہ ہوگی۔

۵۵۔ اور نصیحت کرتے رہو کیونکہ نصیحت مومنوں کو نفع دیتی ہے۔

۵۶۔ اور میں نے جنوں اور انسانوں کو اس لیے پیدا کیا کہ میری عبادت کریں۔

۵۷۔ میں ان سے رزق طلب کرنے والا نہیں اور نہ یہ چاہتا ہوں کہ مجھے کھانا کھلائیں۔

۵۸. اللہ ہی تو رزق دینے والا زور آور اور زبردست ہے۔

۵۹. کچھ شک نہیں کہ ان ظالموں کے لیے بھی ویسا ہی عذاب تیار ہے جیسا انہی جیسے لوگوں کو ان کے حصہ کامل چکا ہے اس کے لیے جلدی نہ کریں۔

۶۰. آخر کو تباہی ہے کفر کرنے والوں کے لیے اس روز جس کا انہیں خوف دلایا جا رہا ہے۔

۵۲۔ سورۃ الطور

۱۔ کوہ طور کی قسم۔

۲۔ اور لکھی گئی کتاب کی قسم

۳۔ جو کشادہ اوراق میں لکھی گئی ہے

۴۔ اور آباد گھر کی قسم

۵۔ اور اونچی چھت کی قسم

۶۔ اور ابلتے ہوئے دریا کی قسم

۷۔ کہ تمہارے رب کا عذاب ہو کر رہے گا۔

۸۔ اور اس کو روکنے والا کوئی نہیں

۹۔ جس دن آسمان لرزنے لگے کپکپا کر

۱۰۔ اور پہاڑ چلنے پھرنے لگیں گے۔

۱۱۔ اس دن جھٹلانے والوں کے لیے خرابی ہے۔

۱۲۔ جو اپنی بیہودہ گوئی میں اچھل کود کر رہے ہیں۔

۱۳۔ جس دن ان کو جہنم کی آگ کی طرف دھکیلا جائے گا

۱۴۔ یہی وہ جہنم ہے جس کو تم جھوٹ سمجھتے تھے۔

۱۵۔ تو کیا یہ جادو ہے یا تم کو نظر نہیں آتا

۱۶۔ اس میں داخل ہو جاؤ۔ صبر کرو یا نہ کرو تمہارے لیے برابر ہے جو کام تم کیا کرتے تھے یہ بدلہ انہی کا تمہیں مل رہا ہے۔

۱۷۔ جو پرہیزگار ہیں وہ باغوں اور نعمتوں میں ہوں گے

۱۸۔ جو کچھ ان کے رب نے ان کو بخشا وہ اس کی وجہ سے خوشحال ہوں گے اور ان کے رب نے ان کو دوزخ کے عذاب سے بچا لیا

۱۹۔ اپنے اعمال کے بدلے میں مزے سے کھاؤ اور پیو۔

۲۰۔ تختوں پر جو برابر برابر بچھے ہوئے ہیں تکیے لگائے بیٹھیں۔ اور بڑی بڑی آنکھوں والی حوروں سے ہم ان کو بیاہ دیں گے (رفیق کار بنا دیں گے)

۲۱۔ اور جو لوگ ایمان لائے اور ان کی اولاد بھی ایمان میں ان کے پیچھے چلی ہم ان کی اولاد کو بھی ان کے درجے تک پہنچا دیں گے اور ان کے اعمال میں سے کچھ کم نہ کریں گے ہر شخص اپنے اعمال میں پھنسا ہوا ہے

۲۲۔ اور جس طرح کے میوے اور گوشت کو ان کا جی چاہے گا ہم ان کو دیں گے۔

۲۳. وہاں وہ ایک دوسرے سے جام شراب جھپٹا کریں گے جس کے پینے سے نہ نشہ چڑھے گا نہ کوئی گناہ کی بات ہوگی۔

۲۴. اور نوجوان خدمت گاران کے آس پاس پھریں گے جو ایسے خوبصورت ہوں گے جیسے چھپائے ہوئے موتی

۲۵. اور ایک دوسرے کی طرف رخ کرکے آپس میں گفتگو کریں گے۔

۲۶. اور کہیں گے کہ اس سے پہلے ہم اپنے گھر میں اللہ سے ڈرتے رہتے تھے۔

۲۷. تو اللہ نے ہم کو لو کے عذاب سے بچایا اور ہم پر احسان کیا

۲۸. اس سے پہلے ہم اس سے دعائیں کیا کرتے تھے بیشک وہ احسان کرنے والا مہربان ہے۔

۲۹. تو اے پیغمبر تم نصیحت کرتے رہو تم اپنے رب کے فضل سے نہ تو کاہن ہو اور نہ ہی دیوانے ہو۔

۳۰. کیا کافر کہتے ہیں کہ یہ شاعر ہے اور ہم اس کے حق میں زمانے کی گردش کے منتظر ہیں۔

۳۱. کہہ دو کہ انتظار کئے جاؤ میں بھی تمہارے ساتھ انتظار کرتا ہوں

۳۲. کیا ان کی عقلیں ان کو یہی سکھاتی ہیں؟ بلکہ یہ لوگ ہیں ہی شریر

۳۳. یا کفار کہتے ہیں کہ یہ قرآن پیغمبر نے خود ہی گھڑ لیا ہے۔ بات یہ ہے کہ یہ لوگ اللہ پر ایمان نہیں رکھتے

۳۴. اگر یہ سچے ہیں تو ایسا کلام بنا لائیں

۳۵. کیا یہ کسی کے پیدا کئے بغیر ہی پیدا ہو گئے ہیں یا انہوں نے خود کو خود ہی پیدا کر لیا ہے۔

۳۶. یا انہوں نے آسمان و زمین کو پیدا کیا ہے؟ نہیں بلکہ یہ یقین ہی نہیں رکھتے

۳۷. کیا ان کے پاس تمہارے رب کے خزانے ہیں یا یہ کہیں کے داروغہ ہیں

۳۸. یا ان کے پاس سیڑھی ہے کہ جس پر چڑھ کر آسمان سے باتیں سن آتے ہیں؟ تو جو سن آتا ہے وہ پکی سند دکھائے۔

۳۹. کیا اللہ کی تو بیٹیاں ہیں اور تمہارے بیٹے ہیں

۴۰. اے پیغمبر! کیا تم ان سے بدلہ مانگتے ہو؟ کہ ان پر تاوان کا بوجھ پڑ رہا ہے۔

۴۱. یا ان کے پاس غیب کا علم ہے کہ وہ اسے لکھ لیتے ہیں۔

۴۲. کیا یہ کوئی داؤ کرنا چاہتے ہیں کافر تو خود داؤ میں آنے والے ہیں۔

۴۳. کیا اللہ کے سوا ان کا کوئی اور معبود ہے؟ اللہ ان کے شریک بنانے سے پاک ہے۔

۴۴. اور اگر یہ آسمان سے عذاب کا کوئی ٹکڑا گرتا ہوا دیکھیں تو کہیں کہ یہ گاڑھا بادل ہے

۴۵. ان کو چھوڑ دو یہاں تک کہ وہ دن جس میں یہ بیہوش کر دیئے جائیں گے سامنے آ جائے

۴۶. جس دن ان کا کوئی داؤ بھی کچھ کام نہ آئے اور نہ کہیں سے ان کو کوئی مدد ہی ملے۔

۴۷. اور ظالموں کے لیے اس کے سوا اور عذاب بھی ہے لیکن ان میں سے اکثر نہیں جانتے۔

۴۸. اور تم اپنے رب کے حکم کے انتظار میں صبر کیئے رہو۔ تم تو ہماری آنکھوں کے سامنے ہو اور جب اٹھا کرو تو اپنے رب کی تعریف کیا کرو۔ (تسبیح)۔

۴۹. رات کے بعض اوقات میں بھی اور ستاروں کے غروب ہونے کے بعد بھی

۵۳۔ سورۃ النجم

۱. تارے کی قسم جب غائب ہونے لگے

۲. کہ تمہارے رفیق (محمد صلی اللہ علیہ وآلہ وسلم) نہ رستہ بھولے ہیں نہ بھٹکے ہیں۔

۳. اور نہ خواہش نفس سے منہ سے بات نکالتے ہیں۔

۴. یہ قرآن تو اللہ کا حکم ہے جو ان کی طرف بھیجا جاتا ہے

۵. ان کو بڑی قوت والے نے سکھایا۔

۶. یعنی جبرائیل طاقتور نے پھر وہ پورے نظر آئے

۷. اور وہ آسمان کے اونچے کنارے میں تھے۔

۸. پھر قریب ہوئے اور مزید آگے بڑھے۔

۹. تو دو کمان کے فاصلے پر یا اس سے بھی کم۔

۱۰. پھر اللہ نے اپنے بندہ کی طرف جو بھیجا سو بھیجا۔

۱۱. جو کچھ انہوں نے دیکھا ان کے دل نے اس کو جھوٹ نہ جانا۔

۱۲. کیا جو کچھ وہ دیکھتے ہیں تم اس میں ان سے جھگڑتے ہو؟

۱۳. انہوں نے ان کو ایک بار اور بھی دیکھا ہے

۱۴. آخری حد کی بیری کے پاس۔

۱۵. اسی کے پاس رہنے کی جنت ہے

۱۶. جب اس بیری پر چھا رہا تھا جو چھا رہا تھا

۱۷. ان کی آنکھ نہ تو اور طرف مائل ہوئی اور نہ حد سے آگے بڑھی

۱۸. انہوں نے اپنے رب کی قدرت کی کتنی ہی بڑی بڑی نشانیاں دیکھیں

۱۹. بھلا تم لوگوں نے لات اور عزیٰ کو دیکھا۔

۲۰. اور تیسرے منات کو کہ یہ بت کہیں اللہ ہو سکتے ہیں

۲۱. مشرکو! کیا تمہارے لیے تو بیٹے اور اللہ کے لیے بیٹیاں

۲۲. یہ تقسیم تو بڑی ناانصافی کی ہے

۲۳. وہ تو صرف نام ہی نام ہیں جو تم نے اور تمہارے باپ دادا نے گھڑ لیے ہیں۔ اللہ نے تو ان کی کوئی سند نہیں اتاری۔ یہ لوگ تو صرف غلط خیال اور خواہشات نفس کے پیچھے چل رہے ہیں حالانکہ ان کے رب کی طرف سے ان کے پاس ہدایت آ چکی ہے

۲۴. کیا جس چیز کی انسان خواہش کرتا ہے وہ اسے ضرور ملتی ہے؟

۲۵۔ آخرت اور دنیا تو اللہ ہی کے ہاتھ میں ہے

۲۶۔ اور آسمانوں میں بہت سے فرشتے ہیں جن کی سفارش کچھ بھی فائدہ نہیں دیتی مگر اس وقت کہ اللہ جس کے لیے چاہے اجازت بخشے اور سفارش پسند کرے

۲۷۔ جو لوگ اللہ پر ایمان نہیں لاتے وہ فرشتوں کو اللہ کی بیٹیوں کے نام سے موسوم کرتے ہیں

۲۸۔ حالانکہ ان کو اس کی کچھ خبر نہیں وہ صرف ظن پر چلتے ہیں اور ظن یقین کے مقابلے میں کچھ کام نہیں آتا

۲۹۔ تو جو ہماری یاد سے منہ موڑے اور صرف دنیا کی زندگی کا ہی طلب گار ہو اس سے تم بھی منہ پھیر لو۔

۳۰۔ ان کے علم کی یہی انتہا ہے۔ تمہارا رب اس کو بھی خوب جانتا ہے جو اس کے رستے سے بھٹک گیا اور اس سے بھی خوب واقف ہے جو رستے پر چلا

۳۱۔ اور جو کچھ آسمانوں میں ہے اور جو کچھ زمین میں ہے سب اللہ ہی کا ہے۔ اور اس نے خلقت کو اس لیے پیدا کیا ہے کہ جن لوگوں نے برے کام کئے ان کو ان کے اعمال کا برا بدلہ دے اور جنہوں نے نیکیاں کیں ان کو نیک بدلہ دے

۳۲۔ جو چھوٹے گناہوں کے سوا بڑے بڑے گناہوں اور بے حیائی کی باتوں سے بچتے ہیں بیشک تمہارا رب بڑی بخشش والا ہے اور تم کو خوب جانتا ہے جب اس نے تم کو مٹی

سے پیدا کیا اور جب تم اپنی ماؤں کے پیٹ میں بچے تھے تو اپنے آپ کو پاک صاف نہ جتاؤ جو پرہیزگار ہے وہ اس سے خوب واقف ہے

۳۳. بھلا تم نے اس شخص کو دیکھا جس نے منہ پھیر لیا

۳۴. اور تھوڑا سا دیا پھر ہاتھ روک لیا

۳۵. کیا اس کے پاس غیب کا علم ہے کہ وہ اسے دیکھ رہا ہے۔

۳۶. کیا جو باتیں موسیٰؑ کے صحیفوں میں ہیں ان کی اس کو خبر نہیں پہنچی

۳۷. اور ابراہیمؑ کی جنہوں نے حق طاعت و رسالت پورا کیا۔

۳۸. وہ یہ کہ کوئی شخص دوسرے کے گناہ کا بوجھ نہیں اٹھائے گا

۳۹. اور یہ کہ انسان کو وہی ملتا ہے جس کی وہ کوشش کرتا ہے۔

۴۰. اور یہ کہ اس کی کوشش دیکھی جائے گی

۴۱. پھر اس کو اس کا پورا پورا بدلہ دیا جائے گا

۴۲. اور یہ کہ تمہارے رب کے پاس پہنچنا ہے

۴۳. اور یہ کہ وہ ہنساتا اور رلاتا ہے۔

۴۴. اور یہ کہ وہی مارتا اور جلاتا ہے۔

۴۵. اور یہ کہ وہی نر و مادہ دو طرح کے حیوان پیدا کرتا ہے۔

۴۶. یعنی نطفے سے جو رحم میں ڈالا جاتا ہے

۴۷. اور یہ کہ قیامت کے دن اس کے ذمے دوسری دفعہ اٹھانا ہے۔

۴۸. اور یہ کہ وہی امیر اور غریب بناتا ہے۔

۴۹. اور یہ کہ وہی شعریٰ کا مالک ہے۔

۵۰. اور یہ کہ اسی نے عاد اول کو ہلاک کر ڈالا

۵۱. اور ثمود کو بھی (ان میں سے) کسی کو باقی نہ چھوڑا۔

۵۲. اور ان سے پہلے قوم نوحؑ کو بھی۔ کچھ شک نہیں کہ وہ لوگ بڑے ہی ظالم اور بڑے ہی سرکش تھے

۵۳. اور اسی نے الٹی ہوئی بستیوں کو دے پٹکا۔

۵۴. پھر ان پر چھایا جو چھایا۔

۵۵. تو اے انسان تو اپنے رب کی کون کون سی نعمت پر جھگڑے گا۔

۵۶. یہ (محمد صلی اللہ علیہ وآلہ وسلم) بھی اگلے ڈر سنانے والوں میں سے ایک ڈر سنانے والے ہیں۔

۵۷. آنے والی یعنی قیامت قریب آ پہنچی۔

۵۸. اس دن کی تکلیفوں کو اللہ کے سوا کوئی دور نہ کر سکے گا۔

۵۹. اے منکرین خدا کیا تم اس کلام سے تعجب کرتے ہو۔

٦٠. اور ہنستے ہو اور روتے نہیں

٦١. اور تم غفلت میں پڑ رہے ہو۔

٦٢. تو اللہ کے آگے سجدہ کرو اور اسی کی عبادت کرو

۵۴۔ سورۃ القمر

۱. قیامت قریب آ پہنچی اور چاند شق ہو گیا

۲. اور کافر اگر کوئی نشانی دیکھتے ہیں تو منہ پھیر لیتے ہیں اور کہتے ہیں کہ یہ ایک ہمیشہ کی طرح کا جادو ہے۔

۳. انہوں نے جھٹلایا اور اپنی خواہشوں کی پیروی کی اور ہر کام کا وقت مقرر ہے۔

۴. اور ان کو ایسے حالات (سابق میں) پہنچ چکے ہیں جن میں عبرت ہے۔

۵. اور کامل دانائی کی کتاب بھی مگر ان کو ڈرانے نے کچھ فائدہ نہیں دیا۔

۶. تو تم بھی ان کی کچھ پرواہ نہ کرو جس دن بلانے والا ان کو ایک ناخوش چیز کی طرف بلائے گا۔

۷. تو آنکھیں نیچی کئے ہوئے قبروں سے نکل پڑیں گے گویا بکھری ہوئی ٹڈیاں ہیں

۸. اس بلانے والے کی طرف دوڑے جاتے ہوں گے کافر کہیں گے یہ دن بڑا سخت ہے۔

۹. ان سے پہلے نوحؑ کی قوم نے بھی تکذیب کی تھی تو انہوں نے ہمارے بندے کو جھٹلایا اور کہا کہ دیوانہ ہے اور انہیں ڈانٹا بھی۔

۱۰. تو انہوں نے اپنے رب سے دعا کی کہ یا اللہ میں ان سے کمزور ہوں تو ان سے بدلہ لے

۱۱. پس ہم نے زور کی بارش سے آسمان کے دہانے کھول دیئے

۱۲. اور زمین میں چشمے جاری کر دیے پھر سب پانی ایک کام پورا کرنے کے لیے مل گیا جو مقدر ہو چکا تھا۔

۱۳. اور ہم نے نوحؑ کو ایک کشتی پر جو تختوں اور میخوں سے تیار کی گئی تھی سوار کر دیا۔

۱۴. وہ ہماری آنکھوں کے سامنے چلتی تھی۔ یہ سب کچھ اس بندے کے انتقام کے لیے کیا گیا جس کو کافر مانتے نہ تھے۔

۱۵. اور ہم نے اس کو ایک عبرت بنا چھوڑا، تو کوئی ہے کہ سوچے سمجھے؟

۱۶. سو دیکھ لو کہ میرا عذاب اور ڈرانا کیسا ہوا

۱۷. اور ہم نے قرآن کو سمجھنے کے لئے آسان کر دیا تو کوئی ہے کہ سوچے سمجھے؟

۱۸. عاد نے بھی تکذیب کی تھی سو دیکھ لو کہ میرا عذاب اور ڈرانا کیسا ہوا؟۔

۱۹. ہم نے سخت منحوس دن میں آندھی چلائی

۲۰. وہ لوگوں کو اس طرح اکھیڑ ڈالتی تھی گویا اکھڑی ہوئی کھجوروں کے تنے ہیں

۲۱. سو دیکھ لو کہ میرا عذاب اور ڈرانا کیسا ہوا

۲۲. اور ہم نے قرآن کو سمجھنے کے لیے آسان کر دیا ہے تو کوئی ہے کہ سوچے سمجھے۔

۲۳. ثمود نے بھی ہدایت کرنے والوں کو جھٹلایا

۲۴. اور کہا کہ بھلا ایک آدمی جو ہم ہی میں سے ہے اس کی پیروی کریں؟ یوں ہو تو ہم گمراہی اور دیوانگی میں پڑ گئے

۲۵. کیا ہم سب میں سے اسی پر وحی نازل ہوئی ہے؟ نہیں! بلکہ یہ جھوٹا، خودپسند ہے

۲۶. ان کو کل ہی معلوم ہو جائے گا کہ کون جھوٹا خودپسند ہے۔

۲۷. اے صالحؑ ہم ان کی آزمائش کے لیے اونٹنی بھیجنے والے ہیں تو تم ان کو دیکھتے رہو اور صبر کرو۔

۲۸. اور ان کو آگاہ کر دو کہ ان میں پانی کی باری مقرر کر دی گئی ہے، ہر باری والے کو اپنی باری پر آنا چاہیے

۲۹. تو ان لوگوں نے اپنے رفیق کو بلایا اور اس نے اونٹنی کو پکڑ کر اس کی کونچیں کاٹ ڈالیں۔

۳۰. سو دیکھ لو کہ میرا عذاب اور ڈرانا کیسا ہوا

۳۱. ہم نے ان پر عذاب کے لیے ایک چیخ بھیجی تو وہ ایسے ہو گئے جیسے باڑ والے کی سوکھی اور ٹوٹی ہوئی باڑ

۳۲. اور ہم نے قرآن کو سمجھنے کے لیے آسان کر دیا تو کوئی ہے کہ سوچے سمجھے؟

۳۳. لوطؑ کی قوم نے بھی ڈر سنانے والوں کو جھٹلایا تھا۔

۳۴. تو ہم نے ان پر کنکر بھری ہوا چلائی، مگر لوطؑ کے گھر والے کہ ہم نے ان کو پچھلی رات سے ہی بچا لیا تھا

۳۵. اپنے فضل سے شکر کرنے والے کو ہم ایسا ہی بدلہ دیا کرتے ہیں

۳۶. اور لوطؑ نے ان کو ہماری پکڑ سے ڈرا بھی دیا تھا مگر انہوں نے ڈرانے میں شک کیا۔

۳۷. اور ان سے ان کے مہمانوں کو لینا چاہا تو ہم نے ان کی آنکھیں مٹا دیں سو اب میرے عذاب اور ڈرانے کے مزے چکھو

۳۸. اور ان پر صبح سویرے ہی اٹل عذاب آ نازل ہوا

۳۹. تو اب میرے عذاب اور ڈرانے کے مزے چکھو۔

۴۰. اور ہم نے قرآن کو سمجھنے کے لئے آسان کر دیا ہے تو کوئی ہے کہ سوچے سمجھے؟

۴۱. اور قوم فرعون کے پاس بھی ڈر سنانے والے آئے

۴۲. انہوں نے ہماری تمام نشانیوں کو جھٹلایا تو ہم نے ان کو اس طرح پکڑ لیا جس طرح ایک قوی اور غالب پکڑ لیتا ہے

۴۳. اے اہل عرب کیا تمہارے کافران لوگوں سے بہتر ہیں یا تمہارے لئے پہلی کتابوں میں فارغ خطی لکھ دی گئی ہے۔

۴۴. کیا یہ لوگ کہتے ہیں کہ ہماری جماعت بڑی مضبوط ہے۔

۴۵. عنقریب یہ جماعت شکست کھائے گی اور یہ لوگ پیٹھ پھیر کر بھاگ جائیں گے

۴۶. ان کے وعدے کا وقت تو قیامت ہے اور قیامت بڑی سخت اور بہت تلخ ہے

۴۷. بیشک گناہگار لوگ گمراہی اور دیوانگی میں بتلا ہیں

۴۸. اس روز منہ کے بل دوزخ میں گھسیٹے جائیں گے، اب آگ کا مزہ چکھو۔

۴۹. ہم نے ہر چیز اندازۂ مقرر کے ساتھ پیدا کی ہے

۵۰. اور ہمارا حکم تو آنکھ کے جھپکنے کی طرح ایک بات ہوتی ہے

۵۱. اور ہم تمہارے ہم مذہبوں کو ہلاک کر چکے ہیں تو کوئی ہے کہ سوچے سمجھے؟

۵۲. اور جو کچھ انہوں نے کیا ان کے اعمال ناموں میں درج ہے

۵۳. ہر چھوٹا اور بڑا کام لکھ دیا گیا ہے

۵۴. جو پرہیزگار ہیں وہ باغوں اور نہروں میں ہوں گے

۵۵. یعنی پاک مقام میں ہر طرح کی قدرت رکھنے والے بادشاہ کی بارگاہ میں

۵۵۔ سورۃ الرحمٰن

۱. اللہ جو نہایت مہربان ہے

۲. اسی نے قران سکھایا

۳. اسی نے انسان کو پیدا کیا

۴. اسی نے اس کو بولنا سکھایا

۵. سورج اور چاند ایک مقرر حساب سے چل رہے ہیں

۶. ستارے اور درخت دونوں سجدہ کر رہے ہیں۔

۷. اس نے آسمان کو بلند کیا اور میزان رکھی۔

۸. کہ میزان میں حد سے تجاوز نہ کرو

۹. انصاف سے تولو اور تول کم مت کرو

۱۰. اور اسی نے خلقت کے لئے زمین بچھائی۔

۱۱. اس میں میوے اور کھجور کے درخت ہیں جن کے خوشوں پر غلاف ہوتے ہیں

۱۲. اور اناج جس کے ساتھ بھس ہوتا ہے اور خوشبودار پھول

۱۳. تو(اے گروہ جن و انس) تم دونوں اپنے رب کی کون کون سی نعمت کو جھٹلاؤ گے۔

۱۴. اسی نے انسان کو ٹھیکرے جیسی کھنکھناتی مٹی سے بنایا

۱۵. اور جنات کو آگ کے شعلے سے بنایا (پیدا کیا)

۱۶. تو تم اپنے رب کی کون کون سی نعمت کو جھٹلاؤ گے

۱۷. وہی دونوں مشرقوں اور مغربوں کا مالک ہے

۱۸. تو تم اپنے رب کی کون کون سی نعمتوں کو جھٹلاؤ گے۔

۱۹. اسی نے دو دریا رواں کئے ہیں جو آپس میں ملتے ہیں

۲۰. دونوں میں ایک آڑ ہے کہ اس سے تجاوز نہیں کر سکتے

۲۱. تو تم اپنے رب کی کون کون سی نعمت کو جھٹلاؤ گے۔

۲۲. دونوں دریاؤں سے موتی اور مونگے نکلتے ہیں۔

۲۳. تو تم اپنے رب کی کون کون سی نعمت کو جھٹلاؤ گے

۲۴. اور جہاز بھی اسی کے ہیں اور دریا میں پہاڑوں کی طرح اونچے کھڑے ہوتے ہیں

۲۵. تو تم اپنے رب کی کون کون سی نعمت کو جھٹلاؤ گے

۲۶. جو مخلوق زمین پر ہے سب کو فنا ہونا ہے

۲۷۔ اور تمہارے رب ہی کی ذات بابرکات جو صاحب جلال و عظمت ہے باقی رہے گی

۲۸۔ تو تم اپنے رب کی کون کون سی نعمت کو جھٹلاؤ گے

۲۹۔ آسمان اور زمین میں جتنے لوگ ہیں سب اسی سے مانگتے ہیں وہ ہر روز نئی شان میں ظاہر ہوتا ہے

۳۰۔ تو تم اپنے رب کی کون کون سی نعمت کو جھٹلاؤ گے

۳۱۔ اے دونوں جماعتو! ہم عنقریب تمہاری طرف متوجہ ہوتے ہیں

۳۲۔ تو تم اپنے رب کی کون کون سی نعمت کو جھٹلاؤ گے

۳۳۔ اے گروہ جن و انس اگر تمہیں قدرت ہو کہ آسمان اور زمین کے کناروں سے نکل جاؤ تو نکل جاؤ بغیر غلبہ اور طاقت کے تم نہیں نکل سکتے

۳۴۔ تو تم اپنے رب کی کون کون سی نعمت کو جھٹلاؤ گے۔

۳۵۔ تم پر آگ کے شعلے اور دھواں چھوڑ دیا جائے گا تو تم پھر مقابلہ نہ کر سکو گے۔

۳۶۔ تو تم اپنے رب کی کون کون سی نعمت کو جھٹلاؤ گے

۳۷۔ پھر جب آسمان پھٹ کر سرخ ہو جائے جیسے نری کا چمڑا ہو۔ (کیسا ہولناک دن ہو گا)

۳۸۔ تو تم اپنے رب کی کون کون سی نعمت کو جھٹلاؤ گے

۳۹۔ اس روز نہ تو کسی انسان سے اس کے گناہوں کے بارے میں پرسش کی جائے گی اور نہ کسی جن سے

۴۰۔ تو تم اپنے رب کی کون کون سی نعمت کو جھٹلاؤ گے

۴۱۔ گنہگار اپنے چہرے ہی سے پہچان لیے جائیں گے تو پیشانی کے بالوں اور پاؤں سے پکڑ لیے جائیں گے

۴۲۔ تو تم اپنے رب کی کون کون سی نعمت کو جھٹلاؤ گے

۴۳۔ یہی وہ جہنم ہے جسے گنہگار لوگ جھٹلاتے تھے

۴۴۔ وہ دوزخ اور کھولتے ہوئے پانی کے درمیان گھومتے پھریں گے۔

۴۵۔ تو تم اپنے رب کی کون کون سی نعمت کو جھٹلاؤ گے

۴۶۔ اور جو شخص اپنے رب کے سامنے کھڑا ہونے سے ڈرا اس کے لیے دو باغ ہیں

۴۷۔ تو تم اپنے رب کی کون کون سی نعمت کو جھٹلاؤ گے

۴۸۔ ان دونوں میں بہت سی شاخیں ہیں یعنی قسم قسم کے میووں کے درخت ہیں۔

۴۹۔ تو تم اپنے رب کی کون کون سی نعمت کو جھٹلاؤ گے

۵۰۔ ان میں دو چشمے بہہ رہے ہیں

۵۱۔ تو تم اپنے رب کی کون کون سی نعمت کو جھٹلاؤ گے

۵۲. ان میں سب میوے دو دو قسم کے ہیں

۵۳. تو تم اپنے رب کی کون کون سی نعمت کو جھٹلاؤ گے ؟

۵۴. اہل جنت ایسے بچھونوں پر جن کے استر موٹے ریشم کے ہیں تکیہ لگائے ہوئے ہوں گے اور دونوں باغوں کے میوے قریب جھک رہے ہیں

۵۵. تو تم اپنے رب کی کون کون سی نعمت کو جھٹلاؤ گے

۵۶. ان میں نیچی نگاہ والی عورتیں ہیں جن کو اہل جنت سے پہلے نہ کسی انسان نے ہاتھ لگایا اور نہ کسی جن نے۔

۵۷. تو تم اپنے رب کی کون کون سی نعمت کو جھٹلاؤ گے۔

۵۸. گویا وہ یاقوت اور مرجان ہیں۔

۵۹. تو تم اپنے رب کی کون کون سی نعمت کو جھٹلاؤ گے۔

۶۰. نیکی کا بدلہ نیکی کے سوا کچھ نہیں

۶۱. تو تم اپنے رب کی کون کون سی نعمت کو جھٹلاؤ گے۔

۶۲. ان باغوں کے علاوہ دو باغ اور ہیں

۶۳. تو تم اپنے رب کی کون کون سی نعمت کو جھٹلاؤ گے

۶۴. دونوں خوب گہرے سبز

٦٥. تو تم اپنے رب کی کون کون سی نعمت کو جھٹلاؤ گے ؟

٦٦. ان میں دو چشمے ابل رہے ہیں

٦٧. تو تم اپنے رب کی کون کون سی نعمت کو جھٹلاؤ گے ؟

٦٨. ان میں میوے کھجوریں اور انار ہیں۔

٦٩. تو تم اپنے رب کی کون کون سی نعمت کو جھٹلاؤ گے ؟

٧٠. ان میں نیک سیرت اور خوبصورت عورتیں ہیں

٧١. تو تم اپنے رب کی کون کون سی نعمت کو جھٹلاؤ گے ؟۔

٧٢. وہ حوریں ہیں جو خیموں میں مستور ہیں

٧٣. تو تم اپنے رب کی کون کون سی نعمت کو جھٹلاؤ گے ؟۔

٧٤. ان کو جنت میں اس سے پہلے نہ کسی انسان نے ہاتھ لگایا نہ کسی جن نے

٧٥. تو تم اپنے رب کی کون کون سی نعمت کو جھٹلاؤ گے ؟۔

٧٦. سبز قالینوں اور نفیس مسندوں پر تکیہ لگائے بیٹھے ہوں گے۔

٧٧. تو تم اپنے رب کی کون کون سی نعمت کو جھٹلاؤ گے ؟

٧٨. اے محمد ﷺ تمہارا رب جو جلال و عظمت والا ہے اس کا نام بڑا بابرکت ہے۔

۵۶۔ سورۃ الواقعہ

۱. جب واقع ہونے والی واقع ہوجائے

۲. اس کے واقع ہونے میں کچھ جھوٹ نہیں

۳. کسی کو پست کرے کسی کو بلند۔

۴. جب زمین بھونچال سے لرزنے لگے

۵. اور پہاڑ ٹوٹ کر ریزہ ریزہ ہوجائیں۔

۶. پھر غبار ہو کر اڑنے لگیں۔

۷. اور تم تین قسم کے ہوجاؤ

۸. تو داہنے ہاتھ والے سبحان اللہ، داہنے ہاتھ والے کیا ہی چین میں ہیں

۹. اور بائیں ہاتھ والے ؟ کیا برے لوگ ہیں بائیں والے۔

۱۰. اور جو آگے بڑھنے والے ہیں ! ان کا کیا کہنا، وہ آگے ہی بڑھنے والے ہیں۔

۱۱. وہی اللہ کے مقرب ہیں

۱۲. نعمتوں کے باغوں میں

۱۳. زیادہ ہیں پہلوں میں سے

۱۴. اور تھوڑے سے پچھلوں میں سے

۱۵. قیمتی پتھروں سے جڑاؤ تختوں پر۔

۱۶. آمنے سامنے تکیہ لگائے ہوئے۔

۱۷. نوجوان خدمت گزار لڑکے جو ہمیشہ ایک ہی حالت میں رہیں گے ان کے آس پاس پھریں گے

۱۸. یعنی آبخورے اور آفتابے اور صاف شراب کے گلاس لے کر

۱۹. اس (شراب) سے نہ تو سر میں درد ہوگا اور نہ ان کی عقلیں زائل ہوں گی

۲۰. اور میوے جس طرح کے ان کو پسند ہوں

۲۱. اور پرندوں کا گوشت جس کی ان کو خواہش ہو

۲۲. اور بڑی بڑی آنکھوں والی حوریں۔

۲۳. جیسے صدف کے اندر چھپے ہوئے آبدار موتی۔

۲۴. یہ ان کے اعمال کا بدلہ ہے جو وہ کرتے تھے

۲۵. وہاں نہ بیہودہ بات سنیں گے اور نہ گالی گلوچ

۲۶. مگر ہر طرف سلام ہی سلام ہوگا۔

۲۷. اور داہنے ہاتھ والے سبحان اللہ، داہنے ہاتھ والے کیا ہی عیش میں ہیں

۲۸. یعنی بغیر کانٹوں کی بیریوں کے درختوں

۲۹. اور تہہ بہ تہہ کیلوں۔

۳۰. اور لمبے لمبے سایوں

۳۱. اور پانی کے جھرنوں

۳۲. اور بیشمار میووں کے باغوں میں۔

۳۳. جو نہ کبھی ختم ہوں اور نہ کوئی ان سے روکے۔

۳۴. اور اونچے اونچے بچھونوں میں۔

۳۵. ہم نے ان حوروں کو پیدا کیا۔

۳۶. اور ان کو کنواریاں بنایا۔

۳۷. شوہروں کی پیاریاں اور ہم عمر

۳۸. یعنی داہنے ہاتھ والوں کے لیے

۳۹. یہ بہت سے تو اگلے لوگوں میں سے ہیں

۴۰. اور بہت سے پچھلوں میں سے

۴۱. اور بائیں ہاتھ والے؟ افسوس بائیں ہاتھ والے کیا ہی عذاب میں ہیں۔

۴۲. یعنی دوزخ کی لپٹ اور کھولتے ہوئے پانی میں

۴۳. اور سیاہ دھوئیں کے سائے میں

۴۴. جو نہ ٹھنڈا ہے اور نہ خوشنما

۴۵. یہ لوگ اس سے پہلے عیش نعیم میں پڑے ہوئے تھے

۴۶. اور بڑے سخت گناہ پر اڑے ہوئے تھے۔

۴۷. اور کہا کرتے تھے کہ بھلا جب ہم مر گئے اور مٹی ہو گئے اور ہڈیاں ہی ہڈیاں رہ گئے تو کیا ہمیں پھر اٹھنا ہوگا؟۔

۴۸. اور کیا ہمارے باپ دادا کو بھی؟

۴۹. کہہ دو کہ بیشک پہلے اور پچھلے

۵۰. سب ایک روز، مقرر وقت پر جمع کیے جائیں گے

۵۱. پھر تم اے جھٹلانے والے گمراہو!

۵۲. تھوہر کے درخت کھاؤ گے

۵۳. اور اسی سے پیٹ بھرو گے۔

۵۴. اور اس پر کھولتا ہوا پانی پیو گے۔

۵۵۔ اور پیو گے بھی اس طرح، جس طرح پیاسے اونٹ پیتے ہیں۔

۵۶۔ جزا کے دن یہ ان کی ضیافت ہوگی

۵۷۔ ہم نے تم کو پہلی بار بھی تو پیدا کیا ہے تو تم دوبارہ اٹھنے کو کیوں سچ نہیں سمجھتے؟

۵۸۔ دیکھو تو کہ جس نطفے کو تم عورتوں کے رحم میں ڈالتے ہو

۵۹۔ کیا تم اس سے انسان کو بناتے ہو یا ہم بناتے ہیں۔

۶۰۔ ہم نے تم میں مرنا ٹھہرا دیا ہے اور ہم اس بات سے عاجز نہیں

۶۱۔ کہ تمہاری طرح کے اور لوگ تمہاری جگہ لے آئیں اور تم کو ایسے جہان میں جس کو تم نہیں جانتے پیدا کر دیں۔

۶۲۔ اور تم نے پہلی پیدائش تو جان ہی لی ہے پھر تم سوچتے کیوں نہیں؟۔

۶۳۔ بھلا دیکھو تو جو کچھ تم بوتے ہو۔

۶۴۔ تو کیا تم اسے اگاتے ہو یا ہم اگاتے ہیں؟

۶۵۔ اگر ہم چاہیں تو اسے چورا چورا کر دیں اور تم باتیں بناتے رہ جاؤ۔

۶۶۔ کہ ہائے ہم تو مفت تاوان میں پھنس گئے

۶۷۔ بلکہ ہم ہیں ہی بد نصیب

۶۸۔ بھلا دیکھو تو جو پانی تم پیتے ہو

۶۹. کیا تم نے اس کو بادل سے نازل کیا ہے یا ہم نازل کرتے ہیں؟

۷۰. اگر ہم چاہیں تو ہم اسے کھاری کر دیں پھر تم شکر کیوں نہیں کرتے؟

۷۱. بھلا دیکھو تو جو آگ تم درخت سے نکالتے ہو

۷۲. کیا تم نے اس کے درخت کو پیدا کیا یا ہم پیدا کرتے ہیں؟

۷۳. ہم نے اسے یاد دلانے اور مسافروں کے برتنے کو بنایا ہے۔

۷۴. تو تم اپنے خدائے بزرگ کے نام کی تسبیح کرو

۷۵. پس نہیں، ہمیں تاروں کی منزلوں کی قسم

۷۶. اور اگر تم سمجھو تو یہ بڑی قسم ہے۔

۷۷. کہ یہ بڑے رتبہ کا قرآن ہے

۷۸. جو کتاب محفوظ میں لکھا ہوا ہے

۷۹. اس کو وہی ہاتھ لگاتے ہیں جو پاک ہیں

۸۰. رب العالمین کی طرف سے اتارا گیا ہے

۸۱. کیا تم اس کلام سے انکار کرتے ہو؟

۸۲. اپنا حصہ تم یہی لیتے ہو کہ اسے جھٹلاتے ہو۔

۸۳. بھلا جب روح گلے تک (میں) آ پہنچتی ہے

۸۴. اور تم اس وقت کی حالت دیکھا کرتے ہو

۸۵. اور ہم اس مرنے والے سے تم سے بھی زیادہ نزدیک ہوتے ہیں لیکن تم کو نظر نہیں آتے

۸۶. پس اگر تم کسی کے بس میں نہیں ہو

۸۷. تو اگر سچے ہو تو روح کو تم واپس کیوں نہیں لے آتے۔

۸۸. پھر اگر وہ اللہ کے مقربوں میں سے ہے۔

۸۹. تو اس کے لیے آرام اور خوشبودار پھول اور نعمت بھرے باغ ہیں۔

۹۰. اور اگر وہ دائیں ہاتھ والوں میں سے ہے

۹۱. تو کہا جائے گا کہ تجھ پر داہنے ہاتھ والوں کی طرف سے سلام

۹۲. اور اگر وہ جھٹلانے والے گمراہوں میں سے ہے

۹۳. تو اس کے لیے کھولتے پانی کی ضیافت ہے

۹۴. اور جہنم میں داخل کیا جانا

۹۵. یہ داخل کیا جانا یقیناً صحیح یعنی سچ اور حق ہے

۹۶. تو تم اپنے رب کے نام کی تسبیح کرتے رہو۔

۵۷۔ سورۃ الحدید

۱۔ جو مخلوق آسمانوں اور زمین میں ہے اس کی تسبیح کرتی ہے اور وہ غالب و حکمت والا ہے۔

۲۔ آسمانوں اور زمین کی بادشاہی اسی کی ہے، وہی زندہ کرتا اور مارتا ہے، اور ہر چیز پر قادر ہے۔

۳۔ وہ سب سے پہلے اور سب سے پچھلا اور اپنی قدرتوں سے سب پر ظاہر اور اپنی ذات سے پوشیدہ ہے اور وہ تمام چیزوں کو جانتا ہے۔

۴۔ وہی ہے جس نے آسمانوں اور زمین کو چھ دن میں پیدا کیا ہے، پھر عرش پر جا ٹھہرا۔ جو چیز زمین میں داخل ہوتی اور جو اس سے نکلتی ہے، جو آسمان سے اترتی اور جو اس کی طرف چڑھتی ہے سب اس کو معلوم ہے، اور تم جہاں کہیں ہو وہ تمہارے ساتھ ہے اور جو کچھ تم کرتے ہو اللہ اس کو دیکھ رہا ہے۔

۵۔ آسمانوں اور زمین کی بادشاہی اسی کی ہے اور امور اسی کی طرف رجوع ہوتے ہیں

۶. وہی رات کو دن میں داخل کرتا ہے اور دن کو رات میں داخل کرتا ہے۔ اور وہ دلوں کے بھیدوں تک سے واقف ہے۔

۷. تو اللہ پر اور اس کے رسول پر ایمان لاؤ اور جس مال میں اس نے تم کو اپنا نائب بنایا ہے اس میں سے خرچ کرو۔ جو لوگ تم میں سے ایمان لائے اور مال خرچ کرتے رہے ان کے لیے بڑا ثواب ہے

۸. اور تم کیسے لوگ ہو کہ اللہ پر ایمان نہیں لاتے حالانکہ اس کے پیغمبر تمہیں بلا رہے ہیں کہ اپنے رب پر ایمان لاؤ اور اگر تم کو یقین ہو تو وہ تم سے اس کا عہد بھی لے چکا ہے

۹. وہی تو ہے جو اپنے بندے پر صاف آیتیں اتارتا ہے تاکہ تم کو اندھیروں میں سے نکال کر روشنی میں لائے بیشک اللہ تم پر بہت شفقت کرنے والا اور مہربان ہے۔

۱۰. اور تم کو کیا ہوا ہے کہ اللہ کے راستے میں خرچ نہیں کرتے حالانکہ آسمانوں اور زمین کی وراثت اللہ ہی کی ہے۔ جس شخص نے تم میں سے فتح مکہ سے پہلے خرچ کیا اور لڑائی کی وہ اور جس نے یہ کام بعد میں کیئے وہ برابر نہیں۔ ان کا درجہ ان لوگوں سے کہیں بڑھ کر ہے جنہوں نے بعد میں مال خرچ کیئے اور کفار سے جہاد و قتال کیا، اللہ نے سب سے نیک ثواب کا وعدہ کیا ہے اور جو کام تم کرتے ہو اللہ ان سے واقف ہے۔

۱۱. کون ہے جو اللہ کو خلوص نیت سے قرض دے تو وہ اس کو دگنا عطا کرے اور اس کے لیے عزت کا بدلہ (یعنی جنت) دے۔

۱۲.	جس دن تم مومن مردوں اور مومن عورتوں کو دیکھو گے کہ ان کے ایمان کا نور ان کے آگے آگے اور داہنی طرف چل رہا ہے توان سے کہا جائے گا کہ تم کو بشارت ہو کہ آج تمہارے لیے باغ ہیں جن کے نیچے نہریں بہہ رہی ہیں ان میں ہمیشہ رہو گے۔ یہی بڑی کامیابی ہے

۱۳.	اس دن منافق مرد اور منافق عورتیں مومنوں سے کہیں گے کہ ہماری طرف مہربانی کی نظر کیجئے کہ ہم بھی آپ کے نور سے روشنی حاصل کرلیں توان سے کہا جائے گا کہ پیچھے کو لوٹ جاؤ اور وہاں نور تلاش کرو، پھر ان کے بیچ میں ایک دیوار کھڑی کر دی جائے گی جس میں ایک دروازہ ہوگا جس کے اندر کی طرف رحمت ہوگی اور باہر کی طرف عذاب۔

۱۴.	تو منافق لوگ مومنوں سے کہیں گے کہ کیا ہم دنیا میں تمہارے ساتھ نہ تھے؟ وہ کہیں گے کیوں نہیں۔ مگر تم نے خود کو بلا میں ڈالا اور راہ دیکھتے رہے اور دھوکے میں پڑے رہے اور اپنے خیالوں میں بہک گئے، یہاں تک کہ اللہ کا حکم آگیا اور اللہ کے بارے میں تم کو شیطان دغا باز دغا دیتا رہا۔

۱۵.	تو آج تم سے معاوضہ نہیں لیا جائے گا اور نہ ہی وہ کافروں سے قبول کیا جائے گا تم سب کا ٹھکانا دوزخ ہے وہی تمہارے لائق ہے اور وہ بری جگہ ہے۔

۱۶.	کیا ابھی تک مومنوں کے لیے اس کا وقت نہیں آیا کہ اللہ کی یاد کرتے ہوئے اور برحق قرآن جو اللہ کی طرف سے نازل کیا گیا ہے۔ اس کو سنتے ہوئے ان کے دل نرم ہو

جائیں اور وہ ان لوگوں کی طرح نہ ہو جائیں جن کو ان سے پہلے کتابیں دی گئی تھیں پھر ان پر طویل مدت گزر گئی تو ان کے دل سخت ہو گئے اور ان میں سے اکثر نافرمان ہیں۔

۱۷۔ جان لو کہ اللہ ہی زمین کو اس کے مر جانے کے بعد زندہ کرتا ہے۔ ہم نے اپنی نشانیاں تم سے کھول کھول کر بیان کر دی ہیں تاکہ تم سمجھو۔

۱۸۔ جو لوگ خیرات کرنے والے ہیں مرد بھی اور عورتیں بھی اور نیک نیت و خلوص سے اللہ کو قرض دیتے ہیں ان کو دوگنا ادا کیا جائے گا اور ان کے لیے عزت کا بدلہ ہے

۱۹۔ اور جو لوگ اللہ اور اس کے پیغمبروں پر ایمان لائے یہی اپنے رب کے نزدیک صدیق اور شہید ہیں ان کے لیے ان کے اعمال کا صلہ ہو گا اور ان کے ایمان کی روشنی اور جن لوگوں نے کفر کیا اور ہماری آیتوں کو جھٹلایا وہی اہل دوزخ ہیں

۲۰۔ جان رکھو کہ دنیا کی زندگی محض کھیل تماشہ، زینت و زیبائش اور تمہارے آپس میں فخر و ستائش اور مال و اولاد کی ایک دوسرے سے زیادہ طلب و خواہش ہے۔ اس کی مثال ایسی ہے کہ جیسے بارش کہ اس سے کھیتی اگتی ہے کسانوں کو بھلی لگتی ہے پھر وہ خوب زور پر آتی ہے پھر اسے دیکھنے والے تو اسے دیکھتا ہے کہ پک کر زرد ہو جاتی ہے پھر چورا چورا ہو جاتی ہے۔ اور آخرت میں کافروں کے لیے عذاب شدید اور مومنوں کے لیے اللہ کی طرف سے بخشش اور خوشنودی ہے۔ اور دنیا کی زندگی تو صرف متاع فریب ہے

۲۱۔ بندو! اپنے رب کی بخشش کی طرف اور جنت کی طرف جس کا عرض آسمان اور زمین کے عرض کے برابر ہے اور جو ان لوگوں کے لیے تیار کی گئی ہے جو اللہ اور اس کے پیغمبروں پر ایمان لائے ہیں۔ جلدی کرو یہ اللہ کا فضل ہے جسے چاہے عطا فرمائے اور اللہ بڑے فضل کا مالک ہے

۲۲۔ کوئی مصیبت تم پر اور ملک پر نہیں پڑتی مگر پیشتر اس کے کہ ہم اس کو پیدا کریں ایک کتاب میں لکھی ہوئی ہے اور یہ کام اللہ کے لیے آسان ہے

۲۳۔ تاکہ غم نہ کھایا کرو اس پر جو ہاتھ نہ آیا اور نہ شیخی کیا کرو اس پر جو اس نے تمہیں دیا، اور اللہ کسی اترانے والے شیخی خورے کو پسند نہیں کرتا

۲۴۔ جو خود بھی بخل کریں اور لوگوں کو بھی بخل سکھائیں اور جو شخص رو گردانی کرے تو اللہ بھی بے پرواہ ہے اور وہی حمد و ثناء کے لائق ہے۔

۲۵۔ ہم نے اپنے پیغمبروں کو کھلی نشانیاں دے کر بھیجا۔ اور ان پر کتابیں نازل کیں اور ترازو۔ (یعنی شرعی قوانین) تاکہ لوگ انصاف پر قائم رہیں، لوہا پیدا کیا اس میں جنگ کے لحاظ سے خطرہ بھی شدید ہے اور لوگوں کے لیے فائدے بھی ہیں اور اس لیے کہ جو لوگ بن دیکھے اللہ اور اس کے رسولوں کی مدد کرتے ہیں، اللہ ان کو معلوم کرے بیشک اللہ زبردست اور غالب ہے

۲۶. اور ہم نے نوحؑ اور ابراہیمؑ کو پیغمبر بنا کر بھیجا اور ان کی اولاد میں پیغمبری اور کتاب کے سلسلے کو وقتاً فوقتاً جاری رکھا، بعض تو ان میں ہدایت پر ہیں اور اکثر ان میں سے نافرمان ہیں۔

۲۷. پھر ان کے پیچھے انہی کے قدموں پر پیغمبر بھیجے اور ان کے پیچھے مریم کے بیٹے عیسیٰؑ کو بھیجا اور ان کو انجیل عنایت کی اور جن لوگوں نے ان کی پیروی کی اور ان کے دلوں میں شفقت اور مہربانی ڈال دی ۔ اور لذات سے کنارہ کشی کی تو انھوں نے خود ایک نئی بات نکال لی، ہم نے ان کو اس بات کا حکم نہیں دیا تھا مگر انھوں نے اپنے خیال میں اللہ کی خوشنودی حاصل کرنے کے لیے آپ ہی ایسا کر لیا تھا پھر جیسا کہ اس کو بنا رہنا چاہیے تھا نباہ بھی نہ سکے ۔ پس جو لوگ ان میں سے ایمان لائے ان کو ہم نے ان کا اجر دیا اور ان میں بہت سے نافرمان ہیں

۲۸. مومنو! اللہ سے ڈرو اور اس کے پیغمبر پر ایمان لاؤ اور تمھیں اپنی رحمت سے دگنا اجر عطاء فرمائے گا اور تمہارے لیے روشنی کر دے گا جس میں چلو گے اور تم کو بخش دے گا اور اللہ بخشنے والا مہربان ہے ۔

۲۹. یہ باتیں اس لیے بیان کی گئی ہیں کہ اہل کتاب جان لیں کہ وہ اللہ کے فضل پر کچھ بھی قدرت نہیں رکھتے ۔ اور یہ کہ فضل اللہ ہی کے ہاتھ میں ہے ۔ جس کو چاہتا ہے دیتا ہے اور اللہ بڑے فضل کا مالک ہے

۵۸۔ المجادلة

۱۔ (اے پیغمبر!) جو عورت آپ سے اپنے شوہر کے بارے میں بحث و مباحثہ کرتی اور اللہ سے رنج و ملال کا شکوہ کرتی اللہ نے اس کی التجا سن لی اور اللہ تم دونوں کی بات چیت سن رہا تھا کچھ شک نہیں اللہ دیکھنے والا اور سننے والا ہے۔

۲۔ جو لوگ تم میں سے اپنی عورتوں کو ماں کہہ دیتے ہیں وہ ان کی مائیں نہیں ہو جاتیں ان کی مائیں تو وہی ہیں جنہوں نے ان کو پیدا کیا بیشک وہ نامعقول اور جھوٹی بات کہتے ہیں اور اللہ بڑا معاف کرنے والا اور بخشنے والا ہے۔

۳۔ اور جو لوگ اپنی بیویوں کو ماں کہہ بیٹھیں پھر اپنے قول سے رجوع کر لیں تو ان کو ہم بستر ہونے سے پہلے ایک غلام آزاد کرنا ضروری ہے۔ (مومنو!) اس حکم سے تم کو نصیحت کی جاتی ہے اور جو کچھ تم کرتے ہو اللہ اس سے خبردار ہے

۴۔ جو غلام آزاد نہ کر سکے وہ دو مہینے متواتر روزے رکھے بیوی سے ملنے سے پہلے (کفارے کے طور پر) جو یہ بھی نہ کر سکے اسے ساٹھ محتاجوں کو کھانا کھلانا چاہیے یہ حکم اس

لیے ہے کہ تم اللہ اور رسول صلی اللہ علیہ وآلہ وسلم کے فرمانبردار ہو جاؤ۔ اور یہ اللہ کی مقرر کی گئی حدود ہیں اور نہ ماننے والوں کے لیے درد دینے والا عذاب ہے۔

۵. جو لوگ اللہ اور اس کے رسول صلی اللہ علیہ وآلہ وسلم کی مخالفت کرتے ہیں وہ اسی طرح ذلیل کیے جائیں گے جس طرح ان سے پہلے لوگ ذلیل کیے گئے اور ہم نے صاف اور صریح آیتیں نازل کر دی ہیں اور کفار کو ذلت کا عذاب ہو گا

٦. جس دن اللہ ان سب کو جلا اٹھائے گا تو جو کام وہ کرتے رہے ان کو جتائے گا اللہ کو وہ سب کام یاد ہیں اور یہ ان کو بھول گئے ہیں اور اللہ ہر چیز سے واقف ہے

۷. کیا آپ کو معلوم نہیں کہ جو کچھ آسمانوں میں ہے اور جو کچھ زمین میں ہے اللہ کو سب معلوم ہے۔ کسی جگہ تین لوگوں کا مجمع اور کانوں میں صلاح و مشورہ نہیں ہوتا مگر وہ ان میں چوتھا ہوتا ہے اور نہ کہیں پانچ کا مگر وہ ان میں چھٹا ہوتا ہے اور نہ اس سے کم نہ زیادہ مگر وہ ان کے ساتھ ہوتا ہے۔ خواہ وہ کہیں ہوں پھر بھی جو کام یہ کرتے رہے ہیں قیامت کے دن وہ ایک ایک ان کو بتائے گا بیشک اللہ ہر چیز سے واقف ہے۔

۸. کیا آپ نے ان لوگوں کو نہیں دیکھا جن کو سرگوشیاں کرنے سے منع کیا گیا تھا وہی پھر کرنے لگے اور یہ تو گناہ اور ظلم اور رسول اللہ صلی اللہ علیہ وآلہ وسلم کی نافرمانی کی سرگوشیاں کرتے ہیں اور جب آپ کے پاس آتے ہیں تو جس کلمے سے اللہ نے آپ کو دعا نہیں دی اس سے آپ کو دعا دیتے ہیں اور اپنے دل میں کہتے ہیں کہ اگر یہ واقعی پیغمبر ہیں تو جو کچھ ہم کہتے ہیں

اللہ ہمیں اس کی سزا کیوں نہیں دیتا؟ (اے پیغمبر!) ان کو دوزخ کی سزا ہی کافی ہے یہ اسی میں داخل ہوں گے اور وہ بری جگہ ہے

۹. مومنو! جب تم آپس میں سرگوشیاں کرنے لگو تو گناہ اور زیادتی اور پیغمبر کی نافرمانی کی باتیں نہ کرنا بلکہ نیکوکاروں اور پرہیزگاری کی باتیں کرنا اور اللہ سے جس کے سامنے جمع کیے جاؤ گے ڈرتے رہنا

۱۰. کافروں کی سرگوشیاں تو شیطان کی حرکات سے ہیں جو اس لیے کی جاتی ہیں کہ مومن ان سے رنجیدہ ہوں مگر اللہ کے حکم کے سوا ان سے انہیں کچھ نقصان نہیں پہنچ سکتا تو مومنوں کو چاہیے کہ اللہ ہی پر بھروسہ رکھیں

۱۱. مومنو! جب تم سے کہا جائے کہ مجلس میں کھل کر بیٹھو تو کھل کر بیٹھا کرو اللہ تم کو کشادگی بخشے گا اور جب کہا جائے کہ اٹھ کھڑے ہو تو اٹھ کھڑے ہوا کرو۔ جو لوگ تم میں سے ایمان لائے ہیں اور جن کو علم عطاء کیا گیا ہے اللہ ان کے درجے بلند کرے گا۔ اور اللہ تمہارے سب کاموں سے واقف ہے۔

۱۲. مومنو! جب تم پیغمبر کے کان میں کوئی بات کہو تو بات کرنے سے پہلے مساکین کو کچھ خیرات دے دیا کرو۔ یہ تمہارے لیے بہتر ہے اور پاکیزگی کی بات ہے اور اگر خیرات تم کو میسر نہ آئے تو اللہ بخشنے والا مہربان ہے۔

۱۳.	کیا تم اس سے ڈر گئے کہ پیغمبر کے کان میں بات کہنے سے پہلے خیرات دیا کرو؟ پھر جب تم نے ایسا نہ کیا اور اللہ نے تمہیں معاف کر دیا تو نماز پڑھتے اور زکوٰۃ دیتے رہو اللہ اور اس کے رسول صلی اللہ علیہ وآلہ وسلم کی فرمانبرداری کرتے رہو اور جو کچھ تم کرتے ہو اللہ اس سے خبر دار ہے۔

۱۴.	بھلا آپ نے ان لوگوں کو نہیں دیکھا جو ایسوں سے دوستی کرتے ہیں جن پر اللہ کا غضب ہوا وہ نہ تم میں ہیں نہ ان میں اور جان بوجھ کر جھوٹی قسمیں کھاتے ہیں۔

۱۵.	اللہ نے ان کے لیے سخت عذاب تیار کر رکھا ہے۔ یہ جو کچھ کرتے ہیں یقیناً ان کے لیے برا ہے

۱۶.	انہوں نے اپنی قسموں کو ڈھال بنا لیا ہے اور لوگوں کو اللہ کے رستے سے روک دیا ہے سو ان کے لیے ذلت کا عذاب ہے۔

۱۷.	اللہ کے عذاب کے سامنے نہ تو ان کا مال ہی کچھ کام آئے گا اور نہ اولاد ہی کچھ فائدہ دے گی یہ لوگ اہل دوزخ ہیں اس میں ہمیشہ جلتے رہیں گے

۱۸.	جس دن اللہ ان سب کو جلا اٹھائے گا۔ تو جس طرح تمہارے سامنے قسمیں کھاتے ہیں اسی طرح اللہ کے سامنے قسمیں کھائیں گے اور خیال کریں گے کہ ایسا کرنے سے وہ کچھ بھلی راہ میں ہیں۔ سن لو یہی ہیں جھوٹے

۱۹۔ شیطان نے ان کو قابو میں کر لیا ہے اور اللہ کی یاد ان کو بھلا دی ہے۔ یہ جماعت شیطان کا لشکر ہے اور سن رکھو کہ شیطان کا لشکر نقصان اٹھانے والا ہے

۲۰۔ جو لوگ اللہ اور اس کے رسول کی مخالفت کرتے ہیں وہ نہایت ذلیل ہوں گے

۲۱۔ اللہ لکھ چکا ہے کہ میں اور میرے رسول ضرور غالب رہیں گے۔ بیشک اللہ زبردست اور زور آور ہے

۲۲۔ جو لوگ اللہ پر اور قیامت کے دن پر ایمان رکھتے ہیں تو ان کو اللہ اور رسول ﷺ کے دشمنوں سے دوستی کرتے ہوئے نہ دیکھو گے خواہ وہ ان کے باپ، بیٹے، بھائی یا رشتہ دار ہی کیوں نہ ہوں۔ یہ وہ لوگ ہیں، جن کے دلوں میں اللہ نے ایمان لکھ دیا ہے۔ اور روح قدس کے ذریعے سے ان کی مدد کی ہے اور وہ ان کو بہشتوں میں داخل کرے گا، جن کے نیچے نہریں بہہ رہی ہوں گی۔ ہمیشہ ان میں رہیں گے۔ اللہ ان سے خوش اور وہ اللہ سے خوش۔ یہی گروہ اللہ کا لشکر ہے۔ اور سن رکھو کہ اللہ ہی کا لشکر مراد حاصل کرنے والا ہے۔

۵۹۔ سورۃ الحشر

۱۔ جو چیزیں آسمانوں میں ہیں اور جو چیزیں زمین میں ہیں سب اللہ کی تسبیح کرتی ہیں اور وہ غالب حکمت والا ہے

۲۔ وہی تو ہے جس نے اہل کتاب کافروں کو پہلے ہی حملے میں ان کے گھروں سے نکال باہر کیا، تمہارے خیال میں بھی نہ تھا کہ وہ نکل جائیں گے اور وہ یہ سمجھے ہوئے تھے کہ ان کے قلعے ان کو اللہ (کے عذاب) سے بچا لیں گے مگر اللہ نے ان کو وہاں سے آ لیا جہاں سے ان کو گمان بھی نہ تھا اور ان کے دلوں میں دہشت ڈال دی کہ اپنے گھروں کو خود اپنے ہاتھوں اور مومنوں کے ہاتھوں سے اجاڑنے لگے تو اے اہل بصیرت عبرت حاصل کرو

۳۔ اور اگر اللہ نے ان کے بارے میں جلا وطن ہونا نہ لکھا ہوتا تو ان کو دنیا میں بھی عذاب دے دیتا اور آخرت میں تو ان کے لیے آگ کا عذاب تیار ہے۔

۴۔ یہ اس لیے کہ انہوں نے اللہ اور اس کے رسول ﷺ کی مخالفت کی اور جو شخص اللہ کی مخالفت کرے تو اللہ سخت عذاب دینے والا ہے

۵۔ مومنو! کھجور کے جو درخت تم نے کاٹ ڈالے یا جن کو اپنی جڑوں پر کھڑے رہنے دیا یہ سب اللہ کے حکم سے تھا، تاکہ وہ (اللہ) نافرمانوں کو رسوا کرے۔

۶. اور جو مال اللہ نے اپنے پیغمبر کو ان لوگوں سے (لڑائی کے بغیر) دلوایا ہے (اس میں تمہارا کچھ حق نہیں) کیونکہ اس کے لیے نہ تم نے گھوڑے دوڑائے نہ اونٹ لیکن اللہ اپنے پیغمبروں کو جن پر چاہتا ہے مسلط کر دیتا ہے اور اللہ ہر چیز پر قادر ہے

۷. جو مال اللہ نے اپنے پیغمبر کو دیہات والوں سے دلوایا ہے وہ اللہ کے اور پیغمبر کے اور (پیغمبر کے) قرابتداروں کے، یتیموں، حاجتمندوں، اور مسافروں کے لیے ہے۔ تاکہ جو لوگ تم میں دولتمند ہیں انہی کے ہاتھوں میں نہ پھرتا رہے۔ سو جو چیز تمہیں پیغمبر دیں وہ لے لو اور جس سے منع کریں اس سے باز رہو۔ اور اللہ سے ڈرتے رہو، بیشک اللہ سخت عذاب دینے والا ہے

۸. اور ان غریب وطن چھوڑنے والوں کے لیے بھی جو اپنے گھروں اور مالوں سے بے دخل کر دیئے گئے ہیں۔ اللہ کے فضل اور اس کی خوشنودی کے طلب گار اور اللہ اور اس کے رسول ﷺ کے مددگار ہیں۔ یہی لوگ سچے ایماندار ہیں

۹. اور ان لوگوں کے لیے بھی جو مہاجرین سے پہلے ہجرت کے گھر مدینہ میں مقیم اور ایمان میں مستقل رہے اور جو لوگ ہجرت کرکے ان کے پاس آتے ہیں ان سے محبت کرتے ہیں۔ اور جو کچھ ان کو ملا اس سے اپنے دل میں کچھ خواہش اور خلش نہیں پاتے اور ان کو اپنے آپ سے مقدم رکھتے ہیں خواہ وہ خود ضرورت مند ہوں اور جو شخص نفس کی حرص سے بچا لیا گیا تو ایسے ہی لوگ مراد پانے والے ہیں

۱۰.	اور ان کے لیے بھی جو ان مہاجرین کے بعد آئے اور دعا کرتے ہیں کہ اے ہمارے رب ہمارے اور ہمارے بھائیوں کے جو ہم سے پہلے ایمان لائے ہیں گناہ معاف فرما اور مومنوں کی طرف سے ہمارے دل میں کینہ و حسد پیدا نہ ہونے دے۔ اے ہمارے رب تو بڑا شفقت کرنے والا مہربان ہے

۱۱.	کیا آپ نے ان منافقوں کو نہیں دیکھا جو اپنے کافر بھائیوں سے جو اہل کتاب ہیں کہا کرتے ہیں کہ اگر تم جلاوطن کیے گئے تو ہم بھی تمہارے ساتھ نکل چلیں گے اور تمہارے بارے میں کبھی کسی کا کہا نہ مانیں گے اور اگر تم سے جنگ ہوئی تو تمہاری مدد کریں گے گر اللہ گواہی دیتا ہے کہ یہ جھوٹے ہیں

۱۲.	اگر وہ نکالے گئے تو یہ ان کے ساتھ نہیں نکلیں گے اور اگر ان سے جنگ ہوئی تو ان کی مدد نہیں کریں گے اور اگر مدد کریں گے تو پیٹھ پھیر کر بھاگ جائیں گے پھر ان کو کہیں سے بھی مدد نہیں ملے گی۔

۱۳.	مسلمانو! تمہاری ہیبت ان لوگوں کے دلوں میں اللہ سے بھی بڑھ کر ہے یہ اس لیے کہ یہ سمجھ نہیں رکھتے

۱۴.	یہ سب جمع ہو کر بھی تم سے آمنے سامنے لڑ نہیں سکیں گے مگر بستیوں کے قلعوں میں پناہ لے کر یا دیواروں کے پیچھے چھپ کر، ان کی آپس میں لڑائی سخت ہے۔ آپ شاید سمجھتے ہو کہ یہ اکھٹے اور ایک جان ہیں مگر ان کے دل پھٹے ہوئے ہیں، یہ اس لیے کہ یہ بے عقل لوگ ہیں۔

۱۵. ان کا حال ان لوگوں جیسا ہے جو ان سے کچھ ہی عرصہ پہلے اپنے کاموں کی سزا کا مزہ چکھ چکے ہیں، اور ان کے لیے دکھ دینے والا عذاب تیار ہے۔

۱۶. (منافقوں کی) مثال شیطان کی سی ہے کہ انسان سے کہتا رہا، کافر ہو جا۔ جب وہ کافر ہو گیا تو کہنے لگا، مجھے تجھ سے کچھ سروکار نہیں مجھے تو اللہ الہ العالمین سے ڈر لگتا ہے

۱۷. تو دونوں کا انجام یہ ہوا کہ دونوں دوزخ میں داخل ہوئے ہمیشہ اس میں رہیں گے اور بے انصافوں کی یہی سزا ہے۔

۱۸. اے ایمان والو! اللہ سے ڈرتے رہو اور ہر شخص کو دیکھنا چاہیے کہ اس نے کل (آخرت) کے لیے کیا سامان بھیجا ہے اور اللہ سے ڈرتے رہو بیشک اللہ تمہارے سب اعمال سے خبر دار ہے

۱۹. اور ان لوگوں جیسے نہ ہونا جنہوں نے اللہ کو بھلا دیا تو اللہ نے انہیں ایسا کر دیا کہ خود اپنے آپ کو بھول گئے یہ بدکردار لوگ ہیں

۲۰. اہل دوزخ اور اہل بہشت برابر نہیں اہل بہشت تو کامیابی حاصل کرنے والے ہیں۔

۲۱. اگر ہم یہ قرآن کسی پہاڑ پر نازل کرتے تو آپ اس کو دیکھتے کہ اللہ کے خوف سے دبا اور پھٹا جاتا ہے اور یہ باتیں ہم لوگوں کے لیے بیان کرتے ہیں تاکہ وہ غور کریں

۲۲۔ وہی اللہ ہے جس کے سوا کوئی معبود نہیں، پوشیدہ اور ظاہر کا جاننے والا وہ بڑا مہربان نہایت رحم والا ہے۔

۲۳۔ وہی اللہ ہے جس کے سوا کوئی عبادت کے لائق نہیں، بادشاہ ہے، پاک ذات سب عیبوں سے سالم امان دینے والا، نگہبان، غالب، زبردست بڑائی والا، اور اللہ ان لوگوں کے شریک مقرر کرنے سے پاک ہے

۲۴۔ وہی اللہ تمام مخلوقات کا خالق ایجاد و اختراع کرنے والا، صورتیں بنانے والا، اس کے سب اچھے سے اچھے نام ہیں۔ جتنی چیزیں آسمانوں اور زمین میں ہیں سب اسی کی تسبیح کرتی ہیں۔ اور وہ غالب، حکمت والا ہے۔

۶۰۔ سورۃ الممتحنۃ

۱.	مومنو! میرے دشمنوں کو دوست نہ بناؤ تم توان کو دوستی کے پیغام بھیجتے ہو اور وہ تمہارے دین حق سے منکر ہیں اور اس لیے کہ تم اپنے رب اللہ پر ایمان لائے ہو، پیغمبر کو اور تم کو جلاوطن کرتے ہیں تم ان کی طرف چپکے چپکے دوستی کے پیغام بھیجتے ہو۔ اور جو کچھ تم چھپا کر یا اعلانیہ کرتے ہو وہ مجھے معلوم ہے اور جو کوئی تم میں سے ایسا کرے گا وہ سیدھے رستے سے بھٹک گیا

۲.	اگر یہ کافر تم پر قدرت پالیں تو تمہارے دشمن ہو جائیں اور تکلیف دینے کے لیے تم پر ہاتھ بھی چلائیں اور زبان بھی اور چاہتے ہیں کہ کسی طرح تم بھی کافر ہو جاؤ

۳.	قیامت کے ن نہ تمہارے رشتے ناطے کام آئیں گے اور نہ اولاد اس روز وہی تم میں فیصلہ کرے گا، اور جو کچھ تم کرتے ہو اللہ اس کو دیکھتا ہے۔

۴.	تمہارے لیے ابراہیمؑ اور ان کے پیرو کاروں کی زندگی نمونہ ہے۔ جب انہوں نے اپنی قوم کے لوگوں سے کہا کہ، ہم تم سے اور ان سے جن کو تم اللہ کے سوا پوجتے ہو، بے تعلق ہیں۔ اور تمہارے معبودوں کے کبھی قائل نہیں ہوسکتے اور جب تک تم خدائے واحد پر

ایمان نہ لاؤ، ہم میں اور تم میں کھلم کھلا عداوت اور دشمنی رہے گی۔ ہاں ابراہیمؑ نے اپنے باپ سے یہ ضرور کہا کہ، میں آپ کے لیے مغفرت کی دعا مانگوں گا اور میں اللہ کے سامنے آپ کے بارے میں کسی چیز کا کچھ اختیار نہیں رکھتا، اے ہمارے رب تجھی پر ہمارا بھروسہ ہے اور تیری ہی طرف ہم رجوع کرتے ہیں اور تیرے ہی حضور ہمیں لوٹ کر آنا ہے

۵. اے ہمارے رب ہم کو کفار کے ہاتھوں عذاب نہ دلوانا، اور اے ہمارے رب ہمیں معاف فرما بیشک تو غالب حکمت والا ہے

۶. جو کوئی اللہ کے سامنے جانے اور روز آخرت کے آنے کی امید رکھتا ہو اسے ان لوگوں کی نیک چال پر چلنا ضروری ہے اور جو نافرمانی کرے تو اللہ بے پرواہ ہے۔ اور اللہ پاک ہے حمد و ثنا اسی کے لیے ہے

۷. اُمید ہے کہ اللہ تم میں اور تمہارے دشمنوں میں دوستی کر دے، اور اللہ سب کچھ کر سکتا ہے اور اللہ بخشنے والا مہربان ہے۔

۸. جن لوگوں نے تم سے دین کے بارے میں جنگ نہیں کی اور نہ تم کو تمہارے گھروں سے نکالا ان کے ساتھ بھلائی اور انصاف کا سلوک کرنے سے اللہ تمہیں منع نہیں کرتا اللہ تو انصاف کرنے والوں کو دوست رکھتا ہے

۹.	اللہ انہی لوگوں کے ساتھ دوستی کرنے سے منع کرتا ہے جنھوں نے تم سے دین کے بارے میں لڑائی کی اور تم کو تمہارے گھروں سے نکالا اور تمہارے نکالنے میں اوروں کی مدد کی تو جو لوگ ایسوں سے دوستی کریں گے وہی ظالم ہیں

۱۰.	مومنو! جب تمہارے پاس مومن عورتیں وطن چھوڑ کر آئیں تو ان کی آزمائش کر لو۔ اور اللہ تو ان کے ایمان کو خوب جانتا ہے سو اگر تم کو معلوم ہو کہ مومن ہیں تو ان کو کفار کے پاس واپس نہ بھیجو کہ نہ یہ ان کو حلال ہے اور نہ وہ ان کو جائز اور جو کچھ انہوں نے ان پر خرچ کیا ہو وہ ان کو دے دو اور تم پر کچھ گناہ نہیں کہ ان عورتوں کو مہر دے کر ان سے نکاح کر لو۔ اور کافر عورتوں کی ناموس کو قبضہ میں نہ رکھو (کفار کو واپس دے دو) اور جو کچھ تم نے ان پر خرچ کیا ہو ان سے طلب کر لو اور جو کچھ انہوں نے اپنی عورتوں پر خرچ کیا ہو وہ تم سے طلب کر لیں یہ اللہ کا حکم ہے جو تم میں فیصلہ کیے دیتا ہے۔ اور اللہ جاننے والا اور حکمت والا ہے۔

۱۱.	اور اگر تمہاری عورتوں میں سے کوئی عورت تمہارے ہاتھ سے نکل کر کافروں کے پاس چلی جائے اور اس کا مہر وصول نہ ہوا ہو پھر تم ان سے جنگ کرو اور ان سے تم کو غنیمت ہاتھ لگے تو جن کی عورتیں چلی گئی ہیں ان کو اس مال میں سے اتنا دے دو جتنا انہوں نے خرچ کیا تھا اور اللہ سے جس پر تم ایمان لائے ہو ڈرو۔

۱۲.	اے پیغمبر! جب آپ کے پاس مومن عورتیں اس بات پر بیعت کرنے آئیں کہ اللہ کے ساتھ نہ تو شرک کریں گی نہ چوری کریں گی، نہ بدکاری کریں گی، نہ اپنی اولاد کو قتل

کریں گی، نہ اپنے ہاتھ پاؤں پر کوئی بہتان باندھ لائیں گی نہ نیک کاموں میں تمہاری نافرمانی کریں گی تو ان سے بیعت لے لو اور ان کے لیے اللہ سے بخشش مانگو بیشک اللہ بخشنے والا مہربان ہے

۱۳۔ مومنو! ان لوگوں سے جن پر اللہ غصہ ہوا ہے، دوستی نہ کرو کیونکہ جس طرح کافروں کو مُردوں کے جی اٹھنے کی امید نہیں اسی طرح ان لوگوں کو بھی آخرت آنے کی امید نہیں

۶۱۔ سورۃ الصف

۱۔ جو کچھ آسمانوں میں اور زمین میں ہے سب اللہ کی تعریف کرتی ہیں اور وہ (کیونکہ) غالب، حکمت والا ہے

۲۔ مومنو! تم ایسی باتیں کیوں کہا کرتے ہو، جو کیا نہیں کرتے

۳۔ اللہ اس بات سے سخت بیزار ہے کہ ایسی بات کہو جو کرو نہیں

۴۔ اللہ ان لوگوں کو چاہتا ہے جو اس کی راہ میں یوں قطار بنا کر لڑتے ہیں گویا وہ سیسہ پلائی دیواریں ہیں

۵۔ (اور وہ وقت یاد کرنے کے لائق ہے) جب موسیٰ نے اپنی قوم سے کہا کہ، بھائیو! تم مجھے کیوں ایذا دیتے ہو حالانکہ تم جانتے ہو کہ میں تمہارے پاس اللہ کا بھیجا ہوا آیا ہوں۔ تو جب ان لوگوں نے نافرمانی کی تو اللہ نے ان کے دل پھیر دیے، اور اللہ نافرمانوں کو ہدایت نہیں دیتا۔

۶. اور وہ وقت بھی یاد کرو جب مریم کے بیٹے عیسیٰؑ نے کہا کہ، اے بنی اسرائیل! میں تمہارے پاس اللہ کا بھیجا ہوا آیا ہوں اور جو کتاب مجھ سے پہلے آچکی ہے یعنی تورات اس کی تصدیق کرتا ہوں اور ایک پیغمبر جو میرے بعد آئیں گے جن کا نام احمد ہوگا ان کی بشارت سناتا ہوں۔ پھر جب وہ ان لوگوں کے پاس کھلی نشانیاں لے کر آئے تو کہنے لگے کہ یہ تو صریح جادو ہے

۷. اور اس سے ظالم کون کہ بلایا تو جائے اسلام کی طرف اور وہ اللہ پر جھوٹ بہتان باندھے اور اللہ ظالم لوگوں کو ہدایت نہیں دیا کرتا۔

۸. یہ چاہتے ہیں کہ اللہ کے چراغ کی روشنی کو پھونک مار کر بجھا دیں۔ حالانکہ اللہ اپنی روشنی کو پورا کر کے رہے گا خواہ کافر ناخوش ہی ہوں

۹. وہی تو ہے جس نے اپنے پیغمبر کو ہدایت اور دین حق دے کر بھیجا تاکہ اسے اور سب دینوں پر غالب کرے، خواہ مشرکوں کو برا ہی لگے

۱۰. مومنو! میں تم کو ایسی تجارت بتاؤں جو تمہیں دردناک عذاب سے بچا لے

۱۱. اور یہ کہ اللہ پر اور اس کے رسول صلی اللہ علیہ وآلہ وسلم پر ایمان لاؤ اور اللہ کی راہ میں اپنے مال اور جان سے جہاد کرو اگر سمجھو تو یہ تمہارے حق میں بہتر ہے

۱۲. وہ تمہارے گناہ بخش دے گا اور تم کو جنت کے باغوں میں جن میں نہریں بہہ رہی ہیں اور پاکیزہ مکانات ہیں جو ہمیشہ رہنے والے باغات میں تیار ہیں داخل کرے گا یہ بڑی کامیابی ہے

۱۳. اور ایک چیز جس کو تم بہت چاہتے ہو یعنی تمہیں اللہ کی طرف سے مدد نصیب ہو گی اور عنقریب فتح ہوگی اور مومنوں کو اس کی خوشخبری سنا دو

۱۴. مومنو! اللہ کے مددگار بن جاؤ جیسے عیسیٰؑ ابن مریم نے حواریوں سے کہا کہ بھلا کون ہیں جو اللہ کی طرف بلانے میں میرے مددگار ہوں؟ حواریوں نے کہا کہ ہم اللہ کے مددگار ہیں۔ تو بنی اسرائیل میں سے ایک گروہ تو ایمان لے آیا اور ایک گروہ کافر رہا پھر ہم نے ایمان والوں کو طاقت دی دشمنوں کے مقابلہ میں اور وہ غالب ہو گئے

۶۲۔ سورۃ الجمعۃ

۱. جو چیزیں آسمانوں میں ہیں اور جو چیزیں زمین میں ہیں سب اللہ کی تسبیح کرتی ہیں جو بادشاہ حقیقی پاک ذات زبردست حکمت والا ہے۔

۲. وہی تو ہے جس نے ان پڑھوں میں ایک رسول بھیجا جو ان کے سامنے اس کی آیتیں پڑھتے اور ان کو پاک کرتے اور اللہ کی کتاب اور دانائی سکھاتے ہیں۔ اس سے پہلے تو یہ لوگ صریح گمراہی میں تھے

۳. اور ان میں سے اور لوگوں کو بھی بھیجا ہے جو ابھی ان مسلمانوں سے نہیں ملے۔ اور وہ غالب حکمت والا ہے

۴. یہ اللہ کا فصل ہے جسے چاہتا ہے عطا کرتا ہے اور اللہ بڑے فضل کا مالک ہے،

۵. جن لوگوں کے سر پر تورات لداوئی گئی پھر انھوں نے اس کے بار تعمیل کو نہ اٹھایا ان کی مثال گدھے کی سی ہے۔ جس پر بڑی بڑی کتابیں لدی ہوں جو لوگ اللہ کی آیتوں کو جھٹلاتے ہیں ان کی مثال بری ہے اور اللہ ظالم لوگوں کو ہدایت نہیں دیتا۔

۶. آپ فرما دیں کہ اے یہود! اگر تم کو دعویٰ ہو کہ تم ہی اللہ کے دوست ہو اور دوسرے لوگ نہیں تو تم اگر سچے ہو تو پھر ذرا موت کی آرزو تو کرو۔

۷. اور یہ اپنے کیے گئے اعمال کی وجہ سے اس کی آرزو ہرگز نہیں کریں گے اور اللہ ظالموں سے خوب واقف ہے۔

۸. آپ فرما دیں کہ موت جس سے تم بھاگتے ہو آ کر رہے گی پھر تو پوشیدہ اور ظاہر کو جاننے والے اللہ کی طرف لوٹائے جاؤ گے پھر جو کچھ تم کرتے رہے ہو وہ سب تمہیں بتائے گا،

۹. مومنو! جب جمعہ کے دن نماز کے لیے اذان دی جائے تو اللہ کی یاد (نماز) کے لیے جلدی کرو اور خرید و فروخت ترک کر دو اگر سمجھو تو یہ تمہارے حق میں بہتر ہے

۱۰. پھر جب نماز ہو چکے تو (اپنی اپنی راہ لو) زمین میں پھیل جاؤ اور اللہ کا فضل تلاش کرو اور اللہ کو بہت بہت یاد کرتے رہو تاکہ نجات پاؤ۔

۱۱. اور جب یہ لوگ سودا بکتا یا تماشا ہوتا دیکھتے ہیں اور آپ کو کھڑا ہوا چھوڑ کر ادھر بھاگ جاتے ہیں۔ فرما دیں کہ جو چیز اللہ کے ہاں ہے وہ تماشے اور سودے سے کہیں بہتر ہے، اور اللہ سب سے بہتر رزق دینے والا ہے

۶۳۔ سورۃ المنافقون

۱. (اے نبی ﷺ!) جب منافق لوگ آپ کے پاس آتے ہیں تو کہتے ہیں، ہم اقرار کرتے ہیں کہ آپ ﷺ بیشک اللہ کے پیغمبر ہیں اور اللہ جانتا ہے کہ آپ ﷺ اللہ کے رسول ہیں اور اللہ ظاہر کرتا ہے کہ منافق (دل سے اعتقاد نہ رکھنے کی وجہ سے) جھوٹے ہیں۔

۲. انھوں نے اپنی قسموں کو ڈھال بنا رکھا ہے۔ اور ان کے ذریعے سے (لوگوں کو) راہ خدا سے روک رہے ہیں کچھ شک نہیں کہ جو کام یہ کرتے ہیں برے ہیں۔

۳. یہ اس لیے کہ یہ پہلے تو ایمان لائے پھر کافر ہو گئے تو ان کے دلوں پر مہر لگا دی گئی سو اب یہ سمجھتے ہی نہیں۔

۴. اور جب آپ ان کو دیکھو تو ان کے ڈیل ڈول اچھے لگیں اور جب بولتے ہیں تو آپ ان کی باتوں کو توجہ سے سنتے ہو گویا لکڑیاں ہیں جو دیواروں سے لگائی گئی ہیں۔ (بزدل اتنے) کہ ہر زور کی آواز کو سمجھیں کہ ان پر بلا آئی۔ یہ آپ کے دشمن ہیں ان سے ہوشیار رہنا، اللہ ان کو ہلاک کرے یہ کہاں بہکے پھرتے ہیں۔

5. اور جب ان سے کہا جائے کہ آؤ رسول اللہ تمہارے لیے مغفرت مانگیں تو سر ہلا دیتے ہیں اور آپ ان کو دیکھو کہ تکبر کرتے ہوئے منہ پھیر لیتے ہیں

٦. آپ ان کے لیے مغفرت مانگو یا نہ مانگو ان کے حق میں برابر ہے۔ اللہ ان کو ہرگز نہ بخشے گا۔ بیشک اللہ نافرمانوں کو ہدایت نہیں دیا کرتا۔

٧. یہی ہیں جو کہتے ہیں کہ جو لوگ رسول اللہ کے پاس رہتے ہیں ان پر کچھ خرچ نہ کرو۔ یہاں تک کہ یہ خود بخود بھاگ جائیں۔ حالانکہ آسمانوں اور زمین کے خزانے اللہ ہی کے ہیں، لیکن منافق نہیں سمجھتے۔

٨. کہتے ہیں کہ اگر ہم لوٹ کر مدینہ پہنچے تو ہم عزت والے ذلیل لوگوں کو وہاں سے نکال باہر کریں گے، حالانکہ عزت اللہ کی ہے۔ اس کے رسول ﷺ کی اور مومنوں کی لیکن منافق نہیں جانتے۔

٩. مومنو! تمہارا مال اور تمہاری اولاد تم کو اللہ کی یاد سے غافل نہ کردے اور جو ایسا کرے گا تو وہ لوگ خسارہ اٹھانے والے ہیں۔

١٠. اور جو مال ہم نے تم کو دیا ہے اس میں سے اس وقت سے پیشتر خرچ کرلو کہ تم میں سے کسی کی موت آجائے تو اس وقت کہنے لگو کہ اے میرے رب! تو نے مجھے تھوڑی سی مہلت کیوں نہ دی تاکہ میں خیرات کرلیتا اور نیک لوگوں میں داخل ہوجاتا

١١. اور جب کسی کی موت آجاتی ہے تو اللہ اس کو ہرگز مہلت نہیں دیتا۔ اور جو کچھ تم کرتے ہو اللہ اس سے خبردار ہے۔

۶۴۔ سورۃ التغابن

۱. جو چیز آسمانوں میں ہے اور جو چیز زمین میں ہے سب اللہ کی تسبیح کرتی ہیں، اس کی سچی بادشاہی ہے اور اسی کی تعریف لا متناہی ہے اور وہ ہر چیز پر قادر ہے

۲. وہی تو ہے جس نے تم کو پیدا کیا پھر کوئی تم میں کافر ہے اور کوئی مومن اور جو کچھ تم کرتے ہو اللہ اس کو دیکھتا ہے۔

۳. اسی نے آسمان اور زمین کو حکمت سے پیدا کیا اور اسی نے تمہاری صورتیں بنائیں اور صورتیں بھی اچھی بنائیں اور اسی کی طرف تمہیں لوٹ کر جانا ہے۔

۴. جو کچھ آسمانوں اور زمین میں ہے وہ سب جانتا ہے اور جو کچھ تم چھپا کر کرتے ہو اور جو کھلم کھلا کرتے ہو اس سے بھی آگاہ ہے اور اللہ دل کے بھیدوں سے واقف ہے۔

۵. کیا آپ کو ان لوگوں کے حال کی خبر نہیں پہنچی جو پہلے کافر ہوئے تھے تو انہوں نے اپنے کاموں کی سزا کا مزہ چکھ لیا اور ان کے لیے دردناک عذاب ہے

۶. یہ اس لئے کہ ان کے پاس پیغمبر کھلی نشانیاں لے کر آتے تو یہ کہتے کہ، کیا آدمی ہمارے ہادی بنتے ہیں؟ تو انھوں نے ان کو نہ مانا اور منہ پھیر لیا اور اللہ نے بھی بے پروائی کی اور اللہ بے پرواہ اور خوبیوں والا ہے۔

۷. جو لوگ کافر ہیں ان کو یقین ہے کہ وہ دوبارہ ہرگز نہیں اٹھائے جائیں گے۔ فرما دیں کہ ہاں ہاں میرے رب کی قسم تم ضرور اٹھائے جاؤ گے پھر جو کام تم کرتے ہو وہ تمہیں بتائے جائیں گے اور یہ کام اللہ کے لیے آسان ہے

۸. تو اللہ اور اس کے رسول پر اور قرآن جو ہم نے نازل کیا ہے ایمان لاؤ اور اللہ تمہارے سب اعمال سے خبردار ہے۔

۹. جس دن وہ تمہیں اکٹھا کرنے کے دن اکٹھا کرے گا وہ نقصان اٹھانے کا دن ہے اور جو شخص اللہ پر ایمان لائے اور نیک عمل کرے وہ اس سے اس کی برائیاں دور کردے گا اور بہشت کے باغوں میں جن کے نیچے نہریں بہہ رہی ہیں داخل کرے گا وہ ہمیشہ ان میں رہیں گے یہ بڑی کامیابی ہے

۱۰. اور جنہوں نے کفر کیا اور ہماری آیتوں کو جھٹلایا وہی اہل دوزخ ہیں ہمیشہ اس میں رہیں گے اور وہ بری جگہ ہے۔

۱۱. کوئی مصیبت نازل نہیں ہوتی مگر اللہ کے حکم سے اور جو شخص اللہ پر ایمان لاتا ہے وہ اس کے دل کو ہدایت دیتا ہے اور اللہ ہر چیز سے باخبر ہے

۱۲۔ اور اللہ کی اطاعت کرو اور اس کے رسول کی اطاعت کرو اگر تم منہ پھیر لو گے تو ہمارے پیغمبر کے ذمہ تو صرف پیغام کا کھول کھول کر پہنچا دینا ہے

۱۳۔ اللہ جو بر حق معبود ہے اس کے سوا کوئی عبادت کے لائق نہیں تو مومنوں کو چاہیے کہ اللہ ہی پر بھروسہ رکھیں۔

۱۴۔ مومنو! تمہاری عورتوں اور اولاد میں سے بعض تمہارے دشمن بھی ہیں سو ان سے بچتے رہو اور اگر معاف کرو اور در گزر کرو اور بخش دو تو اللہ بھی بخشنے والا مہربان ہے

۱۵۔ تمہارا مال اور تمہاری اولاد تو آزمائش ہے اور اللہ کے ہاں بڑا اجر ہے

۱۶۔ سو جہاں تک ہو سکے اللہ سے ڈرو اور اس کے احکام کو سنو اور اس کے فرمانبردار رہو اور اس کی راہ میں خرچ کرو یہ تمہارے حق میں بہتر ہے اور جو شخص اپنے جی کے لالچ سے بچا لیا گیا تو ایسے ہی لوگ فلاح پانے والے ہیں۔

۱۷۔ اگر تم اللہ کو خلوص اور نیک نیت سے قرض دو گے تو وہ تم کو اس سے دگنا دے گا اور تمہارے گناہ بھی معاف کر دے گا۔ اللہ قدرشناس اور بردبار ہے۔

۱۸۔ پوشیدہ اور ظاہر کا جاننے والا غالب اور حکمت والا۔

۶۵۔ سورۃ الطلاق

۱. (اے پیغمبر ﷺ! مسلمانوں سے فرمادیں کہ) جب تم عورتوں کو طلاق دینے لگو تو عدت کے شروع میں طلاق دو اور عدت کا شمار رکھو اور اللہ سے جو تمہارا رب ہے۔ اس سے ڈرو۔ نہ تو تم ان کو (عدت کے دوران) گھروں سے نکالو اور نہ وہ خود ہی نکلیں۔ ہاں اگر وہ صریح بے حیائی کریں (تو نکال دینا چاہیے) اور یہ اللہ کی بتائی ہوئی حدود ہیں جو اللہ کی حدوں سے نکلے گا وہ اپنے اوپر ظلم کرے گا۔ (اے طلاق دینے والے) تجھے کیا معلوم کہ شاید اللہ اس کے بعد رجعت کی کوئی صورت پیدا کر دے

۲. پھر جب وہ اپنی مدت ختم ہونے کے قریب پہنچ جائیں تو یا توان کو اچھی طرح زوجیت میں رہنے دو یا اچھی طرح سے علیحدہ کرو اور اپنے میں سے دو منصف مردوں کو گواہ بنالو اور اللہ کے لیے درست گواہی دو۔ ان باتوں سے اس شخص کو نصیحت کی جاتی ہے جو اللہ اور آخرت پر ایمان رکھتا ہو اور جو کوئی اللہ سے ڈرے گا تو اللہ اس کے لیے (رنج و پریشانی سے) نجات کی صورت پیدا کر دے گا

۳. اور اس کو ایسی جگہ سے رزق دے گا جہاں سے وہم و گمان بھی نہ ہوگا، اور جو اللہ پر بھروسہ رکھے گا تو اللہ اس کے لیے کافی ہے اللہ جو کام کرنا چاہتا ہے پورا کر دیتا ہے۔ اللہ نے ہر چیز کا اندازہ مقرر کر رکھا ہے

۴. اور تمہاری عورتیں جو حیض سے ناامید ہو چکی ہوں اگر تم کو ان کی عدت کے بارے میں شبہ ہو تو ان کی عدت تین مہینے ہے اور جن کو ابھی حیض نہیں آنے لگا ان کی عدت بھی یہی ہے اور حمل والی عورتوں کی عدت بچہ پیدا ہونے تک ہے اور جو اللہ سے ڈرے گا اللہ اس کے کام میں سہولت پیدا کر دے گا

۵. یہ اللہ کے حکم ہیں جو اس نے تم پر نازل کیے ہیں اور جو اللہ سے ڈرے گا اللہ اس سے اس کے گناہ دور کر دے گا اور اسے اجر عظیم بخشے گا،

۶. مطلقہ عورتوں کو عدت کے دوران اپنی حیثیت کے مطابق اپنے پاس ہی رکھو اور ان کو تنگ کرنے کے لیے تکلیف نہ دو، اگر حمل سے ہوں تو بچہ پیدا کرنے تک ان کا خرچ دیتے رہو۔ پھر اگر وہ تمہارے کہنے سے بچہ کو دودھ پلائیں تو ان کو اس کی اجرت دو اور بچے کے بارے میں آپس میں پسندیدہ طریقہ اختیار کرو اور اگر آپس میں ضد اور نا اتفاقی کرو گے تو پھر بچے کو باپ کے کہنے پر کوئی دوسری عورت دودھ پلائے۔

۷. امیر کو اپنی وسعت کے مطابق خرچ کرنا چاہیے اور جو غریب ہو وہ اپنی حیثیت کے مطابق۔ (خوش دلی سے) خرچ کرے۔ اللہ کسی کو تکلیف نہیں دیتا مگر اسی کے مطابق جتنی استطاعت اللہ نے اس کو دی ہو۔ اور اللہ عنقریب تنگی کے بعد کشائش بخشے گا۔

۸.	اور بہت سی بستیوں کے رہنے والوں نے اپنے رب اور اس کے پیغمبروں کے احکام سے سرکشی کی تو ہم نے ان کو سخت حساب میں پکڑلیا اور ان پر ایسا عذاب نازل کیا جو نہ دیکھا تھا نہ سنا۔

۹.	سوانھوں نے اپنے کاموں کا مزہ چکھ لیا اور ان کا انجام نقصان ہی تو تھا

۱۰.	اللہ نے ان کے لیے سخت عذاب تیار کر رکھا ہے۔ تو اے ارباب دانش جو ایمان لائے ہو اللہ سے ڈرو، اللہ نے تمہارے پاس نصیحت کی کتاب بھیجی ہے۔

۱۱.	اور اپنے پیغمبر بھی بھیجے ہیں جو تمہارے سامنے کھول کر سنانے والی اللہ کی آیتیں پڑھتے ہیں تاکہ جو لوگ ایمان لائے اور نیک عمل کرتے رہے ہیں ان کو اندھیرے سے نکال کر روشنی میں لے آئیں۔ اور جو شخص ایمان لائے گا اور نیک عمل کرے گا ان کو بہشتوں کے باغوں میں داخل کرے گا۔ جن کے نیچے نہریں بہہ رہی ہیں وہ وہاں ہمیشہ ہمیشہ کے لئے رہیں گے اللہ نے ان کو خوب رزق دیا ہے

۱۲.	اللہ ہی تو ہے جس نے سات آسمان پیدا کیے اور ویسی ہی زمینیں۔ ان میں اللہ کے حکم اترتے رہتے ہیں۔ تاکہ تم لوگ جان لو کہ اللہ ہر چیز پر قادر ہے۔ اور یہ کہ اللہ اپنے علم سے ہر چیز کا احاطہ کیے ہوئے ہے

٦٦۔ سورۃ التحریم

۱. (اے پیغمبر ﷺ!) جو چیز اللہ نے آپ کے لیے حلال کی ہے آپ اسے حرام کیوں کرتے ہو؟ کیا اس سے اپنی بیویوں کی خوشنودی چاہتے ہو؟ اور اللہ بخشنے والا مہربان ہے

۲. اللہ نے تم لوگوں کے لیے تمہاری قسموں کا کفارہ مقرر کر دیا ہے اور اللہ ہی تمہارا کارساز ہے اور وہ دانا اور حکمت والا ہے

۳. اور یاد کرو جب پیغمبر نے اپنی ایک بیوی سے ایک راز کی بات کہہ دی تو اس نے دوسری کو بتا دی جب اس نے اس کو افشا کیا اور اللہ نے پیغمبر ﷺ کو اس بات سے آگاہ کیا تو پیغمبر ﷺ نے ان بیوی کو وہ بات کچھ تو جتائی اور کچھ نہ بتائی۔ تو جب وہ ان کو جتائی تو پوچھنے لگیں کہ، آپ کو کس نے بتایا؟ انہوں نے کہا کہ، مجھے اس نے بتایا ہے جو جاننے والا خبردار ہے

۴. اگر تم دونوں اللہ کے آگے توبہ کرو تو بہتر ہے کیونکہ تمہارے دلوں میں کجی آگئی ہے اور اگر پیغمبر کی ایذا پر دونوں چڑھائی کروگی تو اللہ، جبرائیل، اور نیک کردار مسلمان ان کے حامی و مددگار ہیں اور ان کے علاوہ اور فرشتے بھی مددگار ہیں

۵.　اگر پیغمبر تم کو طلاق دے دیں تو عجب نہیں کہ ان کا رب تمہارے بدلے ان کو تم سے بہتر بیویاں دے دے، مسلمان ایماندار، فرمانبردار، توبہ کرنے والیاں، عبادت گزار، روزے رکھنے والیاں، بن شوہر اور کنواریاں۔

٦.　مومنو! اپنے آپ کو اور اپنے اہل و عیال کو آتش جہنم سے بچاؤ جس کا ایندھن آدمی اور پتھر ہیں اور جس پر تند خو سخت مزاج فرشتے مقرر ہیں جو اللہ کے حکم کی نافرمانی نہیں کرتے اور جو حکم ان کو ملتا ہے پورا کرتے ہیں۔

۷.　کافرو! آج بہانے مت بناؤ جو عمل تم کیا کرتے ہو انہی کا تمہیں بدلہ دیا جائے گا۔

۸.　مومنو! اللہ کے آگے صاف دل سے توبہ کرو، امید ہے کہ وہ تمہارے گناہ تم سے دور کردے گا اور تم کو جنت کے باغات میں جن کے نیچے نہریں بہہ رہی ہوں گی داخل کرے گا۔ اس دن اللہ پیغمبر کو اور ان لوگوں کو جوان کے ساتھ ایمان لائے ہیں رسوا نہیں کرے گا بلکہ ان کا نور (ایمان) ان کے آگے اور داہنی طرف روشنی کرتا ہوا چل رہا ہوگا اور وہ اللہ سے التجا کریں گے کہ اے ہمارے رب! ہمارا نور ہمارے لیے پورا کر اور ہمیں معاف فرما بیشک اللہ ہر چیز پر قادر ہے

۹.　اے پیغمبر! کافروں اور منافقوں سے لڑو اور ان پر سختی کرو۔ ان کا ٹھکانا دوزخ ہے اور وہ بہت بری جگہ ہے۔

۱۰. اللہ نے کافروں کے لیے نوحؑ کی بیوی اور لوطؑ کی بیوی کی مثال بیان فرمائی ہے۔ دونوں ہمارے دو نیک بندوں کے گھر میں تھیں۔ اور دونوں نے ان کی خیانت کی تو وہ اللہ کے مقابلے میں ان دونوں کے کچھ بھی کام نہ آئے اور ان کو حکم دیا گیا کہ اور داخل ہونے والوں کے ساتھ تم بھی دوزخ میں داخل ہو جاؤ۔

۱۱. اور مومنوں کے لیے ایک مثال تو فرعون کی بیوی کی بیان فرمائی کہ اس نے اللہ سے التجا کی کہ اے میرے رب! میرے لیے بہشت میں اپنے پاس ایک گھر بنا اور مجھے فرعون اور اس کے کام سے بچا نکال اور ظالم لوگوں سے مجھے نجات دے

۱۲. اور دوسری عمران کی بیٹی مریم کی جنھوں نے اپنی عصمت کو محفوظ رکھا تو ہم نے اس میں اپنی طرف سے روح پھونک دی اور وہ اپنے رب کے کلام اور اس کی کتابوں کو برحق سمجھتی تھیں اور فرمانبرداروں میں سے تھیں

٦٧۔ سورۃ الملک

١. وہ اللہ جس کے ہاتھ میں بادشاہی ہے بڑی برکت والا ہے اور وہ ہر چیز پر قادر ہے۔

٢. اسی نے موت اور زندگی کو پیدا کیا تاکہ تمہاری آزمائش کرے کہ تم میں کون اچھے کام کرتا ہے وہ زبردست اور بخشنے والا ہے۔

٣. اس نے سات آسمان اوپر تلے بنائے اے دیکھنے والے! کیا تو اللہ رحمن کی تخلیقات میں کوئی فرق دیکھتا ہے؟ ذرا آنکھ اٹھا کر دیکھ بھلا تجھے آسمان میں کوئی شگاف نظر آتا ہے؟

٤. پھر دوبارہ سہ بارہ نظر کر تو نظر ہر بار تمہارے پاس ناکام اور تھک کر لوٹ آئے گی۔

٥. اور ہم نے قریب کے آسمان کو ستاروں کے چراغوں سے زینت دی اور ان کو شیطان کے مارنے کا آلہ بنایا اور ان کے لیے دہکتی آگ کا عذاب تیار کر رکھا ہے۔

٦. اور جن لوگوں نے اپنے رب سے انکار کیا ان کے لیے جہنم کا عذاب ہے اور وہ برا ٹھکانا ہے۔

۷. جب وہ اس میں ڈالے جائیں گے تو اس کا دہاڑنا سنیں گے اور وہ جوش مار رہی ہو گی

۸. گویا مارے جوش کے پھٹ پڑے گی جب اس میں ان کی کوئی جماعت۔ (گروہ) ڈالی جائے گی تو دوزخ کے داروغہ ان سے پوچھیں گے کہ تمہارے پاس کوئی ڈرانے والا نہیں آیا تھا؟

۹. وہ کہیں گے کیوں نہیں ڈرانے والا آیا تھا لیکن ہم نے اس کو جھٹلا دیا اور کہا کہ اللہ نے تو کوئی چیز نازل ہی نہیں کی تم تو بڑی غلطی میں پڑے ہوئے ہو

۱۰. اور کہیں گے کہ اگر ہم سنتے سمجھتے ہوتے تو دوزخیوں میں نہ ہوتے

۱۱. پس وہ اپنے گناہوں کا اقرار کر لیں گے۔ سو دوزخیوں کے لیے رحمت خدا سے دوری ہے

۱۲. اور جو لوگ بِن دیکھے اپنے رب سے ڈرتے ہیں ان کے لیے بخشش اور اجر عظیم ہے

۱۳. اور تم لوگ بات چھپا کر کہو یا اعلانیہ کہو وہ دل کے بھید تک سے واقف ہے

۱۴. بھلا جس نے پیدا کیا وہ بےخبر ہے؟ وہ تو پوشیدہ باتوں کا جاننے والا اور ہر چیز سے آگاہ ہے۔

۱۵۔ وہی تو ہے جس نے تمہارے لیے زمین کو نرم کیا تم اس کی راہوں میں چلو پھر واور اللہ کا دیا ہوا رزق کھاؤ اور تم کو قبروں سے نکل کر اسی کے پاس جانا ہے

۱۶۔ کیا تم اس سے جو آسمان میں ہے بے خوف ہو؟ کہ تم کو زمین میں دھنسا دے اور وہ اس وقت حرکت کرنے لگے

۱۷۔ کیا تم اس سے جو آسمان میں ہے ڈرتے نہیں؟ کہ تم پر پتھروں کی (بارش) ہوا چلا دے سو تم عنقریب جان لو گے کہ میرا ڈرانا کیسا ہے۔

۱۸۔ اور جو لوگ ان سے پہلے تھے انہوں نے بھی جھٹلایا تھا سو دیکھ لو کہ میرا عذاب کیسا ہوا

۱۹۔ کیا انہوں نے اپنے سروں پر اڑتے ہوئے پرندوں کو نہیں دیکھا جو پروں کو پھیلاتے ہیں کبھی سکیڑ بھی لیتے ہیں اللہ کے سوا ان کو کوئی تھام نہیں سکتا بیشک وہ ہر چیز کو دیکھ رہا ہے۔

۲۰۔ بھلا ایسا کون ہے جو تمہاری فوج ہو کر اللہ کے سوا تمہاری مدد کر سکے کافر تو دھوکے میں ہیں۔

۲۱۔ بھلا اگر وہ اپنا رزق بند کر لے تو کون ہے جو تم کو رزق دے؟ لیکن یہ سرکشی اور نفرت میں پھنسے ہوئے ہیں

۲۲.	بھلا وہ شخص چلتا ہوا منہ کے بل گر پڑتا ہے وہ سیدھے رستے پر ہے یا وہ جو سیدھے رستے پر برابر چل رہا ہو۔

۲۳.	وہ اللہ ہی تو ہے جس نے تمہیں پیدا کیا اور تمہارے کان آنکھیں اور دل بنائے مگر تم کم احسان مانتے ہو۔

۲۴.	فرما دیں کہ وہی ہے جس نے تم کو زمین میں پھیلایا اور اسی کے سامنے تم جمع کئے جاؤ گے

۲۵.	اور کافر کہتے ہیں کہ اگر تم سچے ہو تو یہ وعید کب پوری ہو گی ؟

۲۶.	فرما دیں کہ اس کا علم تو اللہ ہی کو ہے اور میں تو کھول کھول کر ڈر سنا دینے والا ہوں

۲۷.	سو جب وہ دیکھ لیں گے کہ وہ وعدہ قریب آ گیا تو کافروں کے منہ بگڑ جائیں گے اور ان سے کہا جائے گا کہ یہ وہی ہے جسے تم مانگ رہے تھے

۲۸.	کہو کہ بھلا دیکھو تو اگر اللہ مجھ کو اور میرے ساتھیوں کو ہلاک کر دے یا ہم پر مہربانی کرے۔ تو کون ہے جو کافروں کو دکھ دینے والے عذاب سے پناہ دے ؟

۲۹.	فرما دیں کہ جو رب رحمن ہے ہم اسی پر ایمان لائے اور اسی پر بھروسہ رکھتے ہیں تم کو جلد معلوم ہو جائے گا کہ صریح گمراہی میں کون پڑ رہا تھا

۳۰.	فرما دیں کہ بھلا دیکھو تو اگر تمہارا پانی (جو تم پیتے ہو اور استعمال کرتے ہو) اگر خشک ہو جائے تو اللہ کے سوا کون ہے جو تمہارے لیے میٹھے پانی کا چشمہ بہا لائے ؟

۶۸۔ سورۃ القلم

۱. ن ۔ (حروف مقطعات میں سے ہے) قسم ہے قلم کی اور جو لکھتے ہیں اس کی قسم

۲. کہ (اے نبی صلی اللہ علیہ وآلہ وسلم!) تم اپنے رب کے فضل سے دیوانے نہیں ہو

۳. اور آپ کے لیے بے انتہا اجر ہے

۴. اور آپ کے اخلاق بڑے بلند ہیں

۵. سو عنقریب آپ بھی دیکھ لو گے اور یہ کافر بھی دیکھ لیں گے

۶. کہ تم میں سے کون دیوانہ ہے۔

۷. تمہارا رب اس کو بھی خوب جانتا ہے جو اس کے رستے سے بھٹک گیا اور ان کو بھی خوب جانتا ہے جو ہدایت یافتہ ہیں

۸. تو آپ جھٹلانے والوں کا کہا نہ ماننا۔

۹. یہ لوگ چاہتے ہیں کہ آپ نرمی اختیار کرو تو یہ بھی نرم ہو جائیں

۱۰.   اور کسی ایسے شخص کے کہے میں نہ آجانا جو قسمیں کھانے والا بے وقعت آدمی ہے۔

۱۱.   طعنہ دینے اور چغلی کھانے والا

۱۲.   مال میں بخل کرنے والا حد سے بڑھا ہوا بدکار

۱۳.   سخت خو اور بدنام بھی

۱۴.   اس واسطے کہ مال اور بیٹے رکھتا ہے۔

۱۵.   جب اس کو ہماری آیتیں پڑھ کر سنائی جاتی ہیں تو کہتا ہے کہ یہ تو اگلے لوگوں کے افسانے ہیں۔

۱۶.   ہم عنقریب اس کی ناک پر داغ لگائیں گے

۱۷.   ہم نے ان لوگوں کی اس طرح آزمائش کی ہے جس طرح باغ والوں کی آزمائش کی تھی جب انہوں نے قسمیں کھا کھا کر کہا کہ صبح ہوتے ہوتے ہم اس کا میوہ توڑ لیں گے

۱۸.   اور انشاء اللہ نہ کہا۔

۱۹.   سو ابھی سو ہی رہے تھے کہ تمہارے رب کی طرف سے راتوں رات اس پر ایک آفت پھر گئی۔

۲۰.   تو وہ ایسا ہو گیا جیسے کٹی ہوئی کھیتی۔

۲۱.   صبح ہوئی تو وہ لوگ ایک دوسرے کو پکارنے لگے

۲۲۔ اگر تم کو کاٹنا ہے تو اپنی کھیتی پر سویرے ہی جا پہنچو۔

۲۳۔ تو وہ چل پڑے اور آپس میں چپکے چپکے کہتے جاتے تھے

۲۴۔ کہ آج یہاں تمہارے پاس کوئی فقیر نہ آنے پائے

۲۵۔ اور کوشش کرکے سویرے ہی جا پہنچے گویا کھیتی پر قدرت رکھتے ہیں۔

۲۶۔ جب باغ کو دیکھا تو ویران کہنے لگے کہ ہم رستہ بھول گئے ہیں

۲۷۔ نہیں ہماری تو قسمت پھوٹ گئی ہے

۲۸۔ ایک جوان میں درمیانہ تھا بولا کیا میں نے تم سے نہیں بولا تھا کہ تم تسبیح کیوں نہیں کرتے

۲۹۔ تب وہ کہنے لگے کہ ہمارا رب پاک ہے بیشک ہم ہی قصوروار تھے۔

۳۰۔ پھر ایک دوسرے کی طرف الزام دھرنے لگے۔

۳۱۔ کہنے لگے ہائے شامت ہم ہی حد سے بڑھ گئے تھے

۳۲۔ امید ہے کہ ہمارا رب اس کے بدلے میں ہمیں اس سے بہتر باغ عنایت کرے گا ہم اپنے رب کی طرف رجوع کرتے ہیں

۳۳۔ دیکھو عذاب یوں ہوتا ہے اور آخرت کا عذاب اس سے کہیں بڑھ کر ہے کاش یہ لوگ جانتے ہوتے۔

۳۴. پرہیزگاروں کے لیے ان کے رب کے پاس نعمت کے باغ ہیں۔

۳۵. کیا ہم فرمانبرداروں کو نافرمانوں کی طرح نعمتوں سے محروم کر دیں گے

۳۶. تمہیں کیا ہو گیا ہے کیسی تجویزیں کرتے ہو؟

۳۷. کیا تمہارے پاس کوئی کتاب ہے جس میں یہ پڑھتے ہو؟۔

۳۸. کہ جو چیز تم پسند کرو گے وہ تم کو ضرور ملے گی

۳۹. یا تم نے ہم سے قسمیں لے رکھی ہیں جو قیامت کے دن تک چلی جائیں گی کہ جس چیز کا تم حکم کرو گے وہ تمہارے لیے حاضر ہو گی

۴۰. ان سے پوچھو کہ ان میں سے اس کا کون ذمہ لیتا ہے

۴۱. کیا اس قول میں ان کے اور بھی شریک ہیں؟ اگر یہ سچے ہیں تو اپنے شریکوں کو لا سامنے کریں

۴۲. جس دن پنڈلی سے کپڑا اٹھا دیا جائے گا اور کفار سجدے کے لیے بلائے جائیں گے تو وہ سجدہ نہ کر سکیں گے

۴۳. ان کی آنکھیں جھکی ہوئی ہوں گی اور ان پر ذلت چھا رہی ہو گی حالانکہ پہلے سجدے کے لیے بلائے جاتے تھے جب کہ صحیح سالم تھے

۴۴. تو مجھ کو اس کلام کے جھٹلانے والوں سے سمجھ لینے دو۔ ہم ان کو آہستہ آہستہ ایسے طریق سے پکڑیں گے کہ ان کو خبر بھی نہ ہو گی

۴۵. اور میں ان کو مہلت دئیے جاتا ہوں میری تدبیر قوی ہے

۴۶. کیا تم ان سے کچھ اجر مانگتے ہو کہ ان پر تاوان کا بوجھ پڑ رہا ہے

۴۷. یا ان کے پاس غیب کی خبر ہے کہ اسے لکھتے جاتے ہیں

۴۸. تو اپنے رب کے حکم کے انتظار میں صبر کیۓ رہو اور مچھلی کا لقمہ ہونے والے یونسؑ کی طرح نہ ہونا کہ انھوں نے اللہ کو پکارا اور وہ غم و غصے میں بھرے ہوئے تھے

۴۹. اگر تمہارے رب کی مہربانی ان کی یاوری نہ کرتی تو وہ چٹیل میدان میں ڈال دئیے جاتے اور ان کا حال ابتر ہو جاتا۔

۵۰. پھر رب العزت نے ان کو برگزیدہ کر کے نیکو کاروں میں کر لیا۔

۵۱. اور کفار جب یہ نصیحت کی کتاب سنتے ہیں تو یوں لگتا ہے کہ تم کو اپنی نگاہوں سے پھسلا دیں گے اور کہتے ہیں کہ یہ تو دیوانہ ہے

۵۲. اور لوگو! یہ قرآن تو اہل عالم کے لیے نصیحت ہے

۶۹ ۔ سورۃ الحاقۃ

۱. وہ سچ مچ ہونے والی

۲. وہ سچ مچ ہونے والی کیا ہے؟

۳. اور آپ کو کیا معلوم ہے کہ سچ مچ ہونے والی کیا ہے؟۔

۴. وہی کھڑ کھڑانے والی جس کو ثمود اور عاد دونوں نے جھٹلایا۔

۵. سو ثمود تو کڑک سے ہلاک کر دیئے گئے۔

۶. تو عاد کا نہایت تیز آندھی سے ستیاناس کر دیا گیا

۷. اللہ نے اس کو سات رات اور آٹھ دن لگا تار چلائے رکھا تو اے مخاطب تو ان کو اس میں اس طرح ڈھئے اور مرے پڑے دیکھے جیسے کھجوروں کے کھوکھلے تنے

۸. بھلا تو ان میں سے کسی کو بھی باقی دیکھتا ہے

۹. فرعون اور جو لوگ اس سے پہلے تھے اور وہ جو الٹی بستیوں میں رہتے تھے سب گناہ کے کام کرتے تھے

۱۰. انہوں نے اپنے پیغمبر کی نافرمانی کی تو اللہ نے بھی ان کو بڑا سخت پکڑا۔

۱۱. جب پانی طغیانی پر آیا تو ہم نے تم لوگوں کو کشتی پر سوار کر لیا

۱۲. تاکہ اس کو تمہارے لیے یادگار بنائیں اور یاد رکھنے والے کان اسے یاد رکھیں

۱۳. تو جب صور میں ایک بار پھونک ماردی جائے گی

۱۴. زمین اور پہاڑ دونوں اٹھا لیے جائیں گے پھر انہیں ایک ہی دفعہ (یکدم) کوٹ دیا جائے گا۔

۱۵. تو اس روز ہو جانے والی، یعنی قیامت (بپا) ہو جائے گی

۱۶. اور آسمان پھٹ جائے گا پھر وہ اس دن کمزور ہو جائے (بکھر جائے) گا

۱۷. اور فرشتے اس کے کناروں پر اتر آئیں گے اور تمہارے رب کے عرش کو اس روز آٹھ فرشتے اٹھائے ہوں گے

۱۸. اس روز تم سب لوگوں کے سامنے پیش کئے جاؤ گے اور تمہاری کوئی پوشیدہ بات چھپی نہ رہے گی

۱۹. تو جس کا اعمال نامہ اس کے داہنے ہاتھ میں دیا جائے گا۔ وہ دوسروں سے کہے گا کہ لیجیے میرا اعمال نامہ پڑھیں

۲۰. مجھے یقین تھا کہ مجھے میرا حساب کتاب ضرور ملے گا

۲۱. پس وہ شخص من مانے عیش میں ہوگا

۲۲. یعنی اونچے اونچے محلوں کے باغ میں

۲۳. جن کے میوے جھکے ہوئے ہوں گے

۲۴. جو عمل تم گزرے ہوئے دنوں کے بھیج چکے اس کے بدلے میں مزے سے کھاؤ اور پیو

۲۵. اور جس کا نامہ اعمال اس کے بائیں ہاتھ میں دیا جائے گا وہ کہے گا اے کاش مجھ کو میرا اعمال نامہ نہ دیا جاتا

۲۶. اور مجھے معلوم نہ ہوتا کہ میرا حساب کیا ہے

۲۷. اے کاش موت ہمیشہ کے لیے میرا کام تمام کر چکی ہوتی

۲۸. آج میرا مال میرے کچھ بھی کام نہ آیا

۲۹. ہائے میری سلطنت خاک میں مل گئی

۳۰. حکم ہوگا کہ اسے پکڑلو اور طوق پہنا دو۔

۳۱. پھر دوزخ کی آگ میں جھونک دو۔

۳۲. پھر زنجیر سے جس کی لمبائی ستر گز ہے جکڑ دو

۳۳. یہ نہ تو اللہ جل شانہ پر ایمان لاتا تھا

۳۴. اور نہ فقیر کے کھانا کھلانے پر آمادہ کرتا تھا۔

۳۵. سو آج اس کا بھی یہاں کوئی دوست دار نہیں۔

۳۶. اور نہ پیپ کے سوا اس کے لیے کھانا ہے۔

۳۷. جس کو گنہگاروں کے سوا کوئی نہیں کھائے گا۔

۳۸. تو ہم کو ان چیزوں کی قسم جو تم کو نظر آتی ہیں

۳۹. اور ان کی جو نظر نہیں آتیں۔

۴۰. کہ یہ قرآن فرشتہ عالی مقام کی زبان کا پیغام ہے

۴۱. اور یہ کسی شاعر کا کلام نہیں مگر تم لوگ بہت کم ہی ایمان لائے ہو

۴۲. اور نہ کسی کاہن کے اقوال ہیں۔ لیکن تم لوگ بہت ہی کم فکر کرتے ہو

۴۳. یہ تو رب العالمین کا اتارا ہوا ہے۔

۴۴. اگر یہ پیغمبر ہماری نسبت کوئی بات جھوٹ بنا لاتے۔

۴۵. تو ہم ان کا داہنا ہاتھ پکڑ لیتے

۴۶. پھر ان کی رگ گردن کاٹ ڈالتے

۴۷. پھر تم میں سے کوئی ہمیں روکنے والا نہ ہوتا

۴۸. اور یہ کتاب تو پرہیزگاروں کے لیے نصیحت ہے۔

۴۹. اور ہم جانتے ہیں کہ تم میں سے بعض اس کو جھٹلانے والے ہیں

۵۰. نیز یہ کافروں کے لیے موجب حسرت ہے۔

۵۱. اور کچھ شک نہیں کہ یہ برحق قابل یقین ہے۔

۵۲. سو تم اپنے رب عزوجل کے نام کی تسبیح کرتے رہو۔

۷۰۔ سورۃ المعارج

۱. ایک مانگنے والے نے عذاب طلب کیا جو نازل ہو کر رہے گا۔

۲. یعنی کافروں پر اور کوئی اس کو ٹال نہ سکے گا۔

۳. اور اللہ صاحب درجات کی طرف سے (نازل ہوگا)۔

۴. جس کی طرف روح الامین اور فرشتے چڑھتے ہیں اور اس روز (نازل ہوگا) جس کا اندازہ پچاس ہزار برس کا ہوگا

۵. تو تم کفار کی باتوں کو حوصلے کے ساتھ برداشت کرتے رہو

۶. وہ ان لوگوں کی نگاہوں میں دور ہے

۷. اور ہماری نظر میں قریب

۸. جس دن آسمان ایسا ہو جائے گا جیسے پگھلا ہوا تانبا۔

۹. اور پہاڑ ایسے جیسے دھنکی ہوئی رنگین اون

۱۰. اور کوئی دوست کسی کا پُرسان نہ ہوگا

۱۱. حالانکہ ایک دوسرے کو سامنے دیکھ رہے ہوں گے اس روز گنہگار خواہش کرے گا کہ کسی طرح اس دن کے عذاب کے بدلے میں سب کچھ دے دے یعنی، اپنے بیٹے۔

۱۲. اور اپنی بیوی اور اپنے بھائی۔

۱۳. اور اپنا خاندان جس میں وہ رہتا تھا

۱۴. اور جتنے آدمی زمین پر ہیں غرض سب کچھ دے دے اور خود کو عذاب سے چھڑا لے

۱۵. لیکن ایسا ہرگز نہ ہوگا وہ بھڑکتی ہوئی آگ ہے

۱۶. کھال ادھیڑ ڈالنے والی۔

۱۷. ان لوگوں کو اپنی طرف بلائے گی جنھوں نے دین حق سے اعراض کیا اور منہ پھیر لیا

۱۸. مال جمع کیا اور بند کر رکھا

۱۹. کچھ شک نہیں کہ انسان کم حوصلہ پیدا ہوا ہے

۲۰. جب اسے تکلیف پہنچتی ہے تو گھبرا اٹھتا ہے

۲۱. اور جب آسائش ملتی ہے تو بخیل بن جاتا ہے

۲۲. مگر نماز گزار۔

۲۳. جو باقاعدہ نماز پڑھتے ہیں

۲۴. اور جن کے مال میں حصہ مقرر ہے

۲۵. یعنی مانگنے والے اور نہ مانگنے والے کا

۲۶. اور جو روز جزا کو سچ سمجھتے ہیں

۲۷. اور جو اپنے رب کے عذاب سے خوف رکھتے ہیں

۲۸. بیشک ان کے رب کا عذاب ہے ہی ایسا کہ اس سے بے خوف نہ ہوا جائے

۲۹. اور جو اپنی شرمگاہوں کی حفاظت کرتے ہیں

۳۰. مگر اپنی بیویوں یا لونڈیوں سے کہ ان کے پاس جانے پر انہیں کچھ ملامت نہیں

۳۱. اور جو لوگ ان کے سوا اور کے خواستگار ہوں وہ حد سے نکل جانے والے ہیں

۳۲. اور جو اپنی امانتوں اور وعدوں کا پاس رکھتے ہیں

۳۳. اور جو اپنی گواہیوں پر قائم رہتے ہیں

۳۴. اور جو اپنی نماز کو ہمیشہ پڑھتے ہیں

۳۵. یہی لوگ بہشت کے باغوں میں عزت واکرام سے ہوں گے

۳۶. تو ان کافروں کو کیا ہوا ہے کہ تمہاری طرف دوڑے چلے آتے ہیں

۳۷. اور دائیں بائیں سے گروہ گروہ ہو کر جمع ہوتے جاتے ہیں

۳۸. کیا ان میں سے ہر شخص یہ توقع رکھتا ہے کہ نعمت کے باغ میں داخل کیا جائے گا؟

۳۹. ہرگز نہیں ہم نے ان کو اس چیز سے پیدا کیا ہے جسے وہ جانتے ہیں

۴۰. ہمیں مشرقوں اور مغربوں کے مالک کی قسم کہ ہم طاقت رکھتے ہیں

۴۱. اس بات پر قادر ہیں کہ ان سے بہتر لوگ بدل لائیں اور ہم عاجز نہیں ہیں

۴۲. تو (اے پیغمبر!) ان کو باطل میں پڑے رہنے دو اور کھیل لینے دو یہاں تک کہ جس دن کا وعدہ ان سے کیا جاتا ہے وہ ان کے سامنے آ موجود ہو

۴۳. اس دن یہ قبروں سے نکل کر اس طرح دوڑیں گے جیسے۔ (شکاری) شکار کے جال کی طرف دوڑتے ہیں

۴۴. ان کی آنکھیں جھک رہی ہوں گی اور ذلت ان پر چھا رہی ہوگی۔ یہی وہ دن ہے جس کا ان سے وعدہ کیا جاتا تھا

۷۱۔ سورۃ نوح

۱. ہم نے نوحؑ کو ان کی قوم کی طرف بھیجا کہ بیشتر اس کے کہ ان پر درد دینے والا عذاب نازل ہو اپنی قوم کو ہدایت کردو

۲. انہوں نے کہا کہ بھائیو! میں تمہیں کھلے طور پر نصیحت کرتا ہوں

۳. کہ اللہ کی عبادت کرو اور اس سے ڈرو اور میرا کہا مانو۔

۴. وہ تمہارے گناہ بخش دے گا اور موت کے مقررہ وقت تک تم کو مہلت دے گا جب اللہ کا مقرر کیا ہوا وقت آجاتا ہے تو تاخیر نہیں ہوتی کاش تم جانتے ہوتے۔

۵. جب لوگوں نے نہ مانا تو نوحؑ نے اللہ سے دعا کی کہ اے رب میں اپنی قوم کو رات دن بلاتا رہا

۶. لیکن میرے بلانے سے وہ اور زیادہ گریز کرتے رہے۔

۷. جب میں نے ان کو بلایا کہ توبہ کرو اور تو ان کو معاف فرمائے تو انہوں نے اپنے کانوں میں انگلیاں دے لیں اور کپڑے اوڑھ لیے اڑ گئے اور بڑا غرور کیا

۸۔ پھر میں ان کو کھلے طور پر بھی بلاتا رہا۔

۹۔ ظاہر اور پوشیدہ ہر طرح سمجھاتا رہا

۱۰۔ اور کہا کہ اپنے رب سے معافی مانگو وہ بڑا معاف کرنے والا ہے

۱۱۔ وہ تم پر آسمان سے مینہ برسائے گا

۱۲۔ مال اور بیٹوں سے تمہاری مدد فرمائے گا اور تمہیں باغ عطا کرے گا اور ان میں تمہارے لیے نہریں بہا دے گا

۱۳۔ تم کو کیا ہوا ہے کہ تم اللہ کی عظمت کا اعتقاد نہیں رکھتے

۱۴۔ حالانکہ اس نے تم کو طرح طرح کی حالتوں میں پیدا کیا ہے۔

۱۵۔ کیا آپ نے نہیں دیکھا کہ اللہ نے سات آسمان کیسے اوپر تلے بنائے ہیں

۱۶۔ اور چاند کو ان میں زمین کا نور بنایا ہے اور سورج کو چراغ ٹھہرایا ہے

۱۷۔ اور اللہ ہی نے تم کو زمین سے پیدا کیا ہے

۱۸۔ پھر اسی میں تمہیں لوٹا دے گا اور اسی سے تم کو نکال کھڑا کرے گا

۱۹۔ اور اللہ ہی نے زمین کو تمہارے لیے فرش بنایا

۲۰۔ تاکہ اس کے بڑے بڑے کشادہ رستوں پر چلو پھرو

۲۱. (اس کے بعد) نوحؑ نے عرض کی کہ میرے رب! یہ لوگ میرے کہنے پر نہیں چلے اور ایسوں کے تابع ہوئے جن کو ان کے مال اور اولاد نے نقصان کے سوا کچھ فائدہ نہیں دیا

۲۲. اور وہ بڑی بڑی چالیں چلے

۲۳. اور کہنے لگے کہ اپنے معبودوں کو ہر گز نہ چھوڑنا اور ودّ، سواع، یغوث، یعوق اور نسر کو کبھی ترک نہ کرنا۔

۲۴. پروردگار انہوں نے بہت لوگوں کو گمراہ کر دیا تو تو ان کو اور گمراہ کر دے

۲۵. آخر وہ اپنے گناہوں کے سبب پہلے غرق کر دیئے گئے پھر آگ میں ڈال دیئے گئے تو انہوں نے اللہ کے سوا کسی کو اپنا مددگار نہ پایا

۲۶. اور پھر نوحؑ نے یہ دعا کی کہ میرے رب کسی کافر کو روئے زمین پر بستا نہ رہنے دے

۲۷. اگر تو ان کو رہنے دے گا تو تیرے بندوں کو گمراہ کریں گے اور ان سے جو اولاد ہو گی وہ بھی بدکار اور ناشکر گزار ہو گی

۲۸. اے میرے رب مجھے اور میرے ماں باپ کو اور جو ایمان لا کر میرے گھر میں آئے اس کو اور تمام ایمان والے مردوں اور ایمان والی عورتوں کو معاف فرما۔ اور ظالم لوگوں کے لیے اور زیادہ تباہی بڑھا

۷۲۔ سورۃ الجن

۱.　(اے پیغمبر!) لوگوں سے کہہ دو کہ میرے پاس وحی آئی ہے کہ جنوں کی ایک جماعت نے اس کتاب کو سنا تو کہنے لگے کہ ہم نے ایک عجیب قرآن سنا

۲.　جو بھلائی کا رستہ بتاتا ہے سو ہم اس پر ایمان لے آئے اور ہم اپنے رب کے ساتھ کسی کو شریک نہیں بنائیں گے

۳.　اور یہ کہ ہمارے رب کی عظمت، شان بہت بڑی ہے وہ نہ بیوی رکھتا ہے نہ اولاد۔

۴.　اور یہ کہ ہم میں سے بعض بیوقوف اللہ کے بارے میں جھوٹ افترا کرتے ہیں

۵.　اور ہمارا یہ خیال تھا کہ انسان اور جن اللہ کی نسبت جھوٹ نہیں بولتے

۶.　اور یہ کہ بعض بنی آدم بعض جنات کی پناہ پکڑا کرتے تھے اس سے ان کی سرکشی اور بڑھ گئی۔

۷.　اور یہ کہ ان کا بھی یہی اعتقاد تھا جس طرح تمہارا تھا کہ اللہ کسی کو نہیں جلائے گا۔

۸.　اور یہ کہ ہم نے آسمان کو ٹٹولا تو ہم نے اس کو مضبوط چوکیداروں اور انگاروں سے بھرا ہوا پایا

۹.　اور یہ کہ پہلے ہم وہاں بہت سے مقامات پر خبریں سننے بیٹھا کرتے تھے اب کوئی سننا چاہے تو اپنے لئے انگارا تیار پائے۔

۱۰.　اور یہ کہ ہمیں معلوم نہیں کہ اس سے اہل زمین کے حق میں برائی مقصود ہے یا ان کے رب نے ان کے لئے بھلائی کا ارادہ فرمایا ہے

۱۱.　اور یہ کہ ہم میں کوئی نیک ہیں اور کوئی اور طرح کے ہمارے کئی طرح کے مذہب ہیں

۱۲.　اور یہ کہ ہم نے یقین کرلیا ہے کہ ہم زمین میں خواہ کہیں ہوں اللہ کو ہرا نہیں سکتے اور نہ بھاگ کر اس کو تھکا سکتے ہیں

۱۳.　اور جب ہم نے ہدایت کی کتاب سنی اس پر ایمان لے آئے تو جو شخص اپنے رب پر ایمان لاتا ہے اس کو نہ نقصان کا خوف ہے، نہ ظلم کا

۱۴.　اور یہ کہ ہم میں بعض فرمانبردار ہیں اور بعض نافرمان گناہ گار ہیں تو جو فرمانبردار ہوئے وہ سیدھے رستے پر چلے۔

۱۵.　اور جو گنہگار ہوئے وہ دوزخ کا ایندھن بنے

۱۶. (اور اے پیغمبر ﷺ! یہ بھی ان سے کہہ دو) کہ اگر یہ لوگ سیدھے رستے پر رہتے تو ہم ان کے پینے کو بہت سا پانی دیتے

۱۷. تاکہ اس سے ان کی آزمائش کریں اور جو شخص اپنے رب کی یاد سے منہ پھیرے گا وہ اس کو سخت عذاب میں داخل کرے گا

۱۸. اور یہ کہ مسجدیں خاص اللہ کی ہیں تو اللہ کے ساتھ کسی اور کی عبادت نہ کرو

۱۹. اور جب اللہ کے بندے (محمد ﷺ) اس کی عبادت کو کھڑے ہوئے تو کافر ان کے گرد ہجوم کر لینے کو تھے

۲۰. کہہ دو کہ میں تو اپنے رب ہی کی عبادت کرتا ہوں اور کسی کو اس کا شریک نہیں بناتا

۲۱. یہ بھی کہہ دو کہ میں تمہارے حق میں نفع اور نقصان کا کچھ اختیار نہیں رکھتا

۲۲. یہ بھی کہہ دو کہ اللہ کے عذاب سے مجھے کوئی بچا نہیں سکتا اور میں اس کے سوا کہیں پناہ کی جگہ نہیں دیکھتا

۲۳. ہاں اللہ کی طرف سے احکام کا اور اس کے پیغاموں کا پہنچا دینا ہی میرے ذمہ ہے اور جو شخص اللہ اور اس کے پیغمبر کی نافرمانی کرے گا تو ایسوں کے لیے جہنم کی آگ ہے ہمیشہ ہمیشہ اس میں رہیں گے۔

۲۴۔ یہاں تک کہ جب یہ لوگ وہ دن دیکھ لیں گے جس کا ان سے وعدہ کیا جاتا ہے تب ان کو معلوم ہو جائے گا کہ مددگار کس کے کمزور اور شمار کن کا تھوڑا ہے

۲۵۔ کہہ دو کہ جس دن کا تم سے وعدہ کیا جاتا ہے میں نہیں جانتا کہ وہ عنقریب آنے والا ہے یا میرے رب نے اس کی مدت دراز کر دی ہے

۲۶۔ وہی غیب کی بات جاننے والا ہے اور کسی پر اپنے غیب کو ظاہر نہیں کرتا۔

۲۷۔ ہاں جس پیغمبر کو پسند فرمائے تو اس کو غیب کی باتیں بتا دیتا ہے اس کے آگے اور اس کے پیچھے نگہبان مقرر کر دیتا ہے

۲۸۔ تاکہ معلوم کرے کہ انہوں نے اپنے رب کے پیغام پہنچا دیئے ہیں۔ اور یوں تو اس نے ان کی سب چیزوں کو ہر طرف سے قابو کر رکھا ہے اور ایک ایک چیز گن رکھی ہے

۷۳۔ سورۃ المزمل

۱۔ (اے نبی ﷺ!) جو کپڑے میں لپٹ رہے ہو

۲۔ رات کو قیام کیا کرو مگر تھوڑی سی رات

۳۔ یعنی نصف رات یا اس سے کچھ کم

۴۔ یا کچھ زیادہ اور قرآن کو ٹھہر ٹھہر کر پڑھا کرو

۵۔ ہم عنقریب تم پر ایک بھاری فرمان نازل کریں گے۔

۶۔ کچھ شک نہیں کہ رات کا اٹھنا نفس کو خوب کچل دیتا ہے اور بات کو بہت درست کر دیتا ہے

۷۔ دن میں تو تمہیں اور بہت سے شغل ہوتے ہیں

۸۔ تو اپنے رب کے نام کا ذکر کرو اور ہر طرف سے بے تعلق ہو کر اسی کی طرف متوجہ ہو جاؤ

۹.	وہی مشرق اور مغرب کا مالک ہے اور اس کے سوا کوئی معبود نہیں تو اسی کو اپنا کار ساز بناؤ۔

۱۰.	اور جو جو دل آزار باتیں یہ لوگ کہتے ہیں ان کو سہتے رہو اور اچھے طریق سے ان سے کنارہ کش رہو۔

۱۱.	اور مجھے ان جھٹلانے والوں سے جو دولت مند ہیں سمجھ لینے دو اور ان کو تھوڑی سی مہلت دے دو

۱۲.	کچھ شک نہیں کہ ہمارے پاس بیڑیاں اور بھڑکتی آگ ہے

۱۳.	کانٹے دار کھانا ہے اور درد دینے والا عذاب ہے

۱۴.	جس دن زمین اور پہاڑ کانپنے لگیں گے اور پہاڑ ایسے بھر بھرے گویا ریت کے ٹیلے ہو جائیں

۱۵.	(اے اہل مکہ) جس طرح ہم نے فرعون کے پاس موسیٰ کو پیغمبر بنا کر بھیجا تھا اسی طرح تمہارے پاس بھی رسول بھیجے ہیں جو تمہارے مقابلے میں گواہ ہوں گے

۱۶.	سو فرعون نے ہمارے پیغمبر کا کہا نہ مانا تو ہم نے اس کو بڑے وبال میں پکڑ لیا

۱۷.	اگر تم بھی ان پیغمبر کو نہ مانو گے تو اس دن سے کیونکر بچو گے جو بچوں کو بوڑھا کر دے گا

۱۸.	اور جس دن آسمان پھٹ جائے گا یہ اس کا وعدہ پورا ہو کر رہے گا

۱۹۔   یہ قرآن تو نصیحت ہے سو جو چاہے اپنے رب تک پہنچنے کا راستہ اختیار کرے

۲۰۔   تمہارا رب خوب جانتا ہے کہ تم اور تمہارے ساتھ کے لوگ کبھی دو تہائی رات کے قریب اور کبھی آدھی رات اور کبھی تہائی رات قیام کیا کرتے ہو۔ اور اللہ تورات اور دن کا اندازہ رکھتا ہے۔ اس نے معلوم کیا کہ تم اس کو نبھا نہ سکو گے تو اس نے تم پر مہربانی کی پس جتنا آسانی سے ہو سکے اتنا قرآن پڑھ لیا کرو۔ اس نے جانا کہ تم میں بعض بیمار بھی ہوتے ہیں اور بعض اللہ کے فضل یعنی معاش کی تلاش میں ملک میں سفر کرتے ہیں اور بعض اللہ کی راہ میں لڑتے ہیں۔ تو جتنا آسانی سے ہو سکے اتنا پڑھ لیا کرو اور نماز پڑھتے رہو اور زکوٰۃ ادا کرتے رہو اور اللہ کو نیک اور خلوص نیت سے قرض دیتے رہو اور جو عمل نیک تم اپنے لیے آگے بھیجو گے اس کو اللہ کے ہاں بہتر اور ثواب میں زیادہ پاؤ گے اور اللہ سے بخشش مانگتے رہو۔ بیشک اللہ بخشنے والا مہربان ہے

۷۴۔ سورۃ المدثر

۱.   اے کپڑے میں لپٹے ہوئے
۲.   اٹھو اور ہدایت کر دو
۳.   اور اپنے رب کی بڑائی بیان کرو
۴.   اور اپنے کپڑوں کو پاک رکھو۔
۵.   اور ناپاکی سے دور رہو۔
۶.   اور اس نیت سے احسان نہ کرو کہ اس سے زیادہ کے طالب ہو
۷.   اور اپنے رب کے لیے صبر کرو۔
۸.   جب صور پھونکا جائے گا۔
۹.   وہ دن مشکل کا دن ہوگا
۱۰.   یعنی کافروں پر آسان نہ ہوگا
۱۱.   ہمیں اس شخص سے سمجھ لینے دو جس کو ہم نے اکیلا پیدا کیا

۱۲. اور مال کثیر دیا۔

۱۳. اور ہر وقت اس کے پاس حاضر رہنے والے بیٹے دئیے۔

۱۴. اور ہر طرح کے سامان میں وسعت دی۔

۱۵. ابھی خواہش رکھتا ہے کہ اور زیادہ دیں۔

۱۶. ایسا ہرگز نہیں ہوگا۔۔ یہ ہماری آیتوں کا دشمن رہا ہے۔

۱۷. ہم اسے صعود پر چڑھائیں گے

۱۸. اس نے فکر کی اور تجویز کی۔

۱۹. یہ مارا جائے اس نے کیسی تجویز کی۔

۲۰. پھر یہ مارا جائے اس نے کیسی تجویز کی

۲۱. پھر تامل کیا

۲۲. پھر تیوڑی چڑھائی اور منہ بگاڑ لیا

۲۳. پھر پشت پھیر کر چلا اور قبول حق سے غرور کیا

۲۴. پھر کہنے لگا کہ یہ تو جادو ہے جو اگلوں سے چلا آ رہا ہے

۲۵. پھر بولا یہ خدا کا کلام نہیں بلکہ بشر کا کلام ہے۔

۲۶. ہم عنقریب اس کو آگ میں ڈالیں گے

۲۷۔ اور تم کیا سمجھے کہ آگ کیا ہے

۲۸۔ (وہ آگ ہے) کہ نہ باقی رکھے اور نہ چھوڑے

۲۹۔ اور بدن کو جھلس کر سیاہ کر دے گی

۳۰۔ اس پر داروغہ ہیں

۳۱۔ اور ہم نے دوزخ کے داروغہ فرشتے بنائے ہیں اور ان کا شمار کافروں کی آزمائش کے لیے مقرر کیا ہے اور اس لیے کہ اہل کتاب یقین کریں اور مومنوں کا یقین اور زیادہ بڑھے اہل کتاب اور مومن شک نہ لائیں ۔ اور اس لیے کہ جن لوگوں کے دلوں میں نفاق کا مرض ہے اور جو کافر ہیں کہیں کہ اس مثال کے بیان کرنے سے اللہ کا کیا مقصد ہے ۔ اسی طرح اللہ جس کو چاہتا ہے گمراہ کرتا ہے اور جس کو چاہتا ہے ہدایت دیتا ہے ۔ اور تمہارے رب کے لشکروں کو اس کے سوا کوئی نہیں جانتا ۔ اور یہ بنی آدم کے لیے نصیحت ہے ۔

۳۲۔ ہاں ہاں ہمیں چاند کی قسم

۳۳۔ اور رات کو جب پیٹھ پھیرنے لگے

۳۴۔ اور صبح کی جب روشن ہو

۳۵۔ کہ وہ آگ ایک بہت بڑی آفت ہے

۳۶۔ اور بنی آدم کے لیے خوف کا موجب ہے

۳۷۔ جو کوئی تم میں سے آگے بڑھے یا پیچھے رہے

۳۸. ہر ایک اپنے کئے ہوئے کاموں میں پھنسا ہے

۳۹. مگر داہنی طرف والے نیک لوگ

۴۰. کہ وہ بہشت کے باغوں میں ہوں گے اور پوچھتے ہوں گے۔

۴۱. یعنی آگ میں جلنے والے گنہگاروں سے

۴۲. کہ تم دوزخ میں کیوں پڑے ہو؟

۴۳. وہ جواب دیں گے کہ ہم نماز نہیں پڑھتے تھے

۴۴. اور نہ فقیروں کو کھانا کھلاتے تھے

۴۵. اور اہل باطل کے ساتھ مل کر حق سے انکار کرتے تھے

۴۶. اور روز جزا کو جھٹلاتے تھے

۴۷. یہاں تک کہ ہمیں موت آ گئی۔

۴۸. تو اس حال میں سفارش کرنے والوں کی سفارش ان کے حق میں کچھ فائدہ نہ دے گی

۴۹. ان کو کیا ہوا ہے کہ نصیحت سے منہ موڑے ہوئے ہیں

۵۰. گویا گدھے ہیں کہ بدک جاتے ہیں

۵۱. یعنی شیر سے ڈر کر بھاگ جاتے ہیں

۵۲. اصل میں ان میں سے ہر شخص یہ چاہتا ہے کہ اس کے پاس کھلی ہوئی کتاب آئے

۵۳. ایسا ہرگز نہیں ہوگا۔ حقیقت یہ ہے کہ ان کو آخرت کا خوف ہی نہیں

۵۴. کچھ شک نہیں کہ یہ نصیحت ہے

۵۵. تو جو چاہے اسے یاد رکھے۔

۵۶. اور یاد بھی تبھی رکھیں گے جب اللہ چاہے۔ وہی ڈرنے کے لائق اور بخشش کا مالک ہے

۷۵۔ سورۃ القیامۃ

١. ہم کو روز قیامت کی قسم

٢. اور قسم ہے نفس لوامہ کی کہ سب لوگ اٹھا کر کھڑے کئے جائیں گے

٣. کیا انسان یہ خیال کرتا ہے کہ ہم اس کی بکھری ہوئی ہڈیاں اکٹھی نہیں کریں گے

٤. ضرور کریں گے اور ہم اس بات پر قادر ہیں کہ اس کی پور پور درست کر دیں گے

٥. مگر انسان چاہتا ہے کہ ہمیشہ خودسری سے کام لے

٦. پوچھتا ہے کہ قیامت کا دن کب ہوگا؟

٧. جب آنکھیں چندھیا جائیں

٨. اور چاند گہنا جائے

٩. سورج اور چاند جمع کر دیئے جائیں

١٠. اس دن انسان کہے گا کہ اب کہاں بھاگ جاؤں؟

١١. بیشک کہیں پناہ نہیں

۱۲.	اس دن اللہ کے پاس ہی ٹھکانا ہے

۱۳.	اس دن انسان نے جو عمل آگے بھیجے اور جو پیچھے چھوڑے ہوں گے سب بتا دیئے جائیں گے

۱۴.	بلکہ انسان آپ اپنا گواہ ہے

۱۵.	اگرچہ عذر و معذرت کرتا رہے

۱۶.	اور (اے نبی ﷺ!) وحی کے پڑھنے کے لیے زبان کو حرکت نہ دیا کرو کہ اس کو جلدی یاد کر لو۔

۱۷.	آپ ﷺ کے سینہ میں اس کا جمع کرنا اور پڑھانا ہمارے ذمہ ہے

۱۸.	جب ہم وحی پڑھا کریں تو تم اس کو سنا کرو اور پھر اسی طرح پڑھا کرو۔

۱۹.	پھر اس کے معنی کا بیان بھی ہمارے ذمہ ہے

۲۰.	مگر لوگو! تم دنیا کو دوست رکھتے ہو

۲۱.	اور آخرت کو ترک کیئے دیتے ہو

۲۲.	اس روز بہت سے منہ تازہ ہوں گے

۲۳.	اپنے رب کی طرف دیکھنے والے

۲۴.	اور بہت سے چہرے اس دن اداس ہوں گے

۲۵۔	وہ سوچ رہے ہوں گے کہ ان پر مصیبت آنے والی ہے۔
۲۶۔	دیکھو جب جان گلے تک پہنچ جائے۔
۲۷۔	اور لوگ کہنے لگیں اس وقت کون جھاڑ پھونک کرنے والا ہے
۲۸۔	اور اس نے سمجھا کہ اب جدائی کا وقت آگیا
۲۹۔	اور پنڈلی سے پنڈلی لپٹ جائے
۳۰۔	اس دن تجھ کو اپنے رب کی طرف چلنا ہے
۳۱۔	تو اس نے نہ یقین کیا اور نہ نماز پڑھی
۳۲۔	بلکہ جھٹلایا اور منہ پھیر لیا
۳۳۔	پھر اپنے گھر والوں کے پاس اکڑتا ہوا چل دیا
۳۴۔	افسوس ہے تجھ پر پھر افسوس ہے
۳۵۔	پھر افسوس ہے تجھ پر پھر افسوس ہے
۳۶۔	کیا انسان خیال کرتا ہے کہ یونہی چھوڑ دیا جائے گا؟۔
۳۷۔	کیا وہ منی کا جو رحم میں ڈالی جاتی ہے ایک قطرہ نہ تھا؟
۳۸۔	پھر لوتھڑا ہوا پھر اللہ نے اس کو بنایا پھر اس کے اعضاء کو درست کیا۔
۳۹۔	پھر اس کی دو قسمیں بنائیں ایک مرد اور ایک عورت

۴۰. کیا اس کو اس بات پر قدرت نہیں کہ مردوں کو جلا اٹھائے

٧٦۔ سورۃ الانسان

۱۔ بیشک انسان پر زمانے میں ایک ایسا وقت بھی آچکا ہے کہ وہ کوئی قابل ذکر چیز نہ تھا

۲۔ ہم نے انسان کو نطفہ مخلوط سے پیدا کیا تاکہ اسے آزمائیں تو ہم نے اسے سننے اور دیکھنے والا بنایا

۳۔ اور اسے راہ بھی دکھا دی اب وہ چاہے شکر گزار ہو چاہے ناشکرا

۴۔ ہم نے کفار کے لیے زنجیریں طوق اور دہکتی آگ تیار کر رکھی ہے

۵۔ جو نیک لوگ ہیں وہ ایسی شراب پیئں گے جس میں کافور ملا ہوگا

۶۔ یہ ایک چشمہ ہے جس میں سے اللہ کے بندے پیئں گے اور اس میں سے چھوٹی چھوٹی نہریں نکال لیں گے۔

۷۔ یہ لوگ نذریں پوری کرتے ہیں اور اس دن سے جس کی سختی پھیل رہی ہوگی خوف رکھتے ہیں

۸. اس کے باوجود کہ ان کو خود کھانے کی ضرورت ہے مگر یہ فقیروں یتیموں اور قیدیوں کو کھلاتے ہیں

۹. اور کہتے ہیں کہ ہم تم کو محض اللہ کے واسطے کھلاتے ہیں نہ تم سے معاوضہ چاہتے ہیں اور نہ شکر گزاری کے خواہش مند ہیں۔

۱۰. ہمیں اپنے رب سے اس دن کا ڈر لگتا ہے جو چہروں کو خراب اور دل کو سخت پریشان کر دینے والا ہے۔

۱۱. تو اللہ ان کو اس دن کی سختی سے بچالے گا تازگی اور خوش دلی عنایت فرمائے گا۔

۱۲. ان کے صبر کے بدلے ان کو بہشت کے باغات اور ریشم کے ملبوسات عطا کر دے گا۔

۱۳. ان میں وہ تختوں پر تکیے لگائے بیٹھے ہوں گے وہاں نہ دھوپ کی تپش ہوگی نہ سردی کی شدت

۱۴. پھلوں سے بھری ٹہنیاں اور درختوں کے سائے ان پر جھکے ہوئے ہوں گے اور میووں کے گچھے جھکے ہوئے لٹک رہے ہوں گے

۱۵. خدام چاندی کے پیالے لئے ہوئے ان کے ارد گرد پھر رہے ہوں گے اور شیشے کے نہایت شفاف گلاس

۱۶. شیشے اور چاندی کے جو بڑے اندازے سے بھرے ہوئے ہوں گے۔

۱۷. اوران کوایسی شراب بھی پلائی جائے گی جس میں سونٹھ ملی ہوئی ہوگی

۱۸. یہ بہشت میں ایک چشمہ ہے. جس کا نام سلسبیل ہے

۱۹. اوران کے پاس لڑکے آتے جاتے ہوں گے جو ہمیشہ ایک ہی عمر میں رہیں گے جب تم ان کو دیکھو تو ایسے ہوں جیسے بکھرے ہوئے موتی۔

۲۰. اور بہشت میں جہاں آنکھ اٹھاؤ گے کثرت سے نعمتیں اور عظیم الشان سلطنت دیکھو گے

۲۱. ان کے جسموں پر دیبا و حریر کے سبز کپڑے ہوں گے اورانہیں چاندی کے کنگن پہنائے جائیں گے اوران کا رب ان کو بہترین پاکیزہ شراب پلائے گا

۲۲. یہ تمہاری کوشش اور صلہ اللہ کے ہاں مقبول ہوا

۲۳. ہم نے آپ پر قرآن آہستہ آہستہ نازل کیا ہے

۲۴. تو اپنے رب کے حکم کے مطابق صبر کئے رہو اوران لوگوں میں سے کسی گناہ گار ناشکرے کا کہا نہ مانو۔

۲۵. اور صبح و شام اپنے رب کا نام لیتے رہو

۲۶. اور رات کو رات گئے تک اپنے رب کے آگے سجدے کرتے رہو اوراس کی پاکی بیان کرتے رہو

۲۷. یہ لوگ دنیا کو دوست رکھتے ہیں اور قیامت کے بھاری دن کو پیچھے چھوڑے ہوئے ہیں

۲۸. ہم نے ان کو پیدا کیا اور ان کے جوڑ بند مضبوط کیئے اور ہم جب چاہیں انہی کی طرح ان کے بدلے میں اور لے آئیں

۲۹. یہ تو نصیحت ہے جو چاہے اپنے رب کی طرف پہنچنے کا رستہ اختیار کرے۔

۳۰. اور تم بھی نہیں چاہ سکتے مگر جو اللہ کو منظور ہو بیشک اللہ جاننے والا حکمت والا ہے

۳۱. جس کو چاہتا ہے اپنی رحمت میں داخل کر لیتا ہے اور ظالموں کے لیے اس نے دکھ دینے والا عذاب تیار کر رکھا ہے

۷۷۔ سورۃ المرسلات

۱۔ ہواؤں کی قسم جو نرم نرم چلتی ہیں

۲۔ پھر زور پکڑ کر جھکڑ ہو جاتی ہیں۔

۳۔ بادلوں کو پھاڑ کر پھیلا دیتی ہیں

۴۔ ان کو پھاڑ کر جدا جدا کر دیتی ہیں۔

۵۔ پھر فرشتوں کی قسم جو وحی لاتے ہیں

۶۔ تاکہ عذر دور ہو اور ڈر سنایا جائے

۷۔ کہ جس کا تم سے وعدہ کیا جاتا ہے وہ ہو کر رہے گا

۸۔ جب تاروں کی چمک جاتی رہے

۹۔ اور جب آسمان پھٹ جائے

۱۰۔ اور جب پہاڑ اڑتے پھریں

۱۱۔ اور جب پیغمبروں کا وقت مقرر ہو جائے

۱۲.	بھلا ان کاموں میں تاخیر کس لیے کی گئی؟
۱۳.	فیصلے کے دن کے لیے
۱۴.	اور تمہیں کیا خبر کہ فیصلے کا دن کیا ہے۔
۱۵.	اس دن جھٹلانے والوں کے لیے خرابی ہے
۱۶.	کیا ہم نے پہلے لوگوں کو ہلاک نہیں کر ڈالا؟
۱۷.	پھر ان پچھلوں کو بھی ان کے پیچھے بھیج دیتے ہیں
۱۸.	ہم گناہگاروں کے ساتھ ایسا ہی کرتے ہیں
۱۹.	اس دن جھٹلانے والوں کی خرابی ہے
۲۰.	کیا ہم نے تم کو حقیر پانی سے نہیں پیدا کیا؟
۲۱.	پہلے اس کو ایک محفوظ جگہ میں رکھا
۲۲.	ایک معین وقت تک
۲۳.	پھر اندازہ مقرر کیا اور ہم کیا ہی خوب اندازہ مقرر کرنے والے ہیں
۲۴.	اس دن جھٹلانے والوں کی خرابی ہے۔
۲۵.	کیا ہم نے زمین کو سمیٹنے والی نہیں بنایا
۲۶.	یعنی زندہ اور مردوں کو

۲۷. اور اس پر اونچے اونچے پہاڑ رکھ دئیے اور تم لوگوں کو میٹھا پانی پلایا

۲۸. اس دن جھٹلانے والوں کی خرابی ہے

۲۹. جس چیز کو تم جھٹلایا کرتے تھے اب اس کی طرف چلو

۳۰. یعنی اس سائے کی طرف چلو جس کی تین شاخیں ہیں

۳۱. نہ ٹھنڈی چھاؤں اور نہ لپٹ سے بچاؤ۔

۳۲. اس سے آگ کی اتنی بڑی چنگاریاں اڑتی ہیں جیسے محل

۳۳. گویا زرد رنگ کے اونٹ ہیں

۳۴. اس دن جھٹلانے والوں کی خرابی ہے

۳۵. یہ وہ دن ہے کہ لوگ لب تک نہ ہلا سکیں گے

۳۶. اور نہ ان کو اجازت دی جائے گی کہ عذر کر سکیں

۳۷. اس دن جھٹلانے والوں کی خرابی ہے

۳۸. یہی فیصلے کا دن ہے جس میں ہم نے تم کو اور پہلے لوگوں کو جمع کیا ہے

۳۹. اگر تم کو کوئی داؤ آتا ہو تو مجھ سے کر لو

۴۰. اس دن جھٹلانے والوں کی خرابی ہے

۴۱. بیشک پرہیزگار سایوں اور چشموں میں ہوں گے

۴۲. اور میوے جو ان کو پسند ہوں

۴۳. جو عمل تم کرتے تھے ان کے بدلے میں مزے سے کھاؤ پیو۔

۴۴. ہم نیک لوگوں کو ایسا ہی بدلہ دیا کرتے ہیں

۴۵. اس دن جھٹلانے والوں کی خرابی ہے

۴۶. اے جھٹلانے والو! تم کسی قدر کھا لو اور فائدے اٹھا لو تو تم بیشک گنہگار ہو

۴۷. اس دن جھٹلانے والوں کی خرابی ہے

۴۸. اور جب ان سے کہا جاتا ہے کہ اللہ کے آگے جھکو تو جھکتے نہیں

۴۹. اس دن جھٹلانے والوں کی خرابی ہے

۵۰. اب اس کے بعد یہ کونسی بات پر ایمان لائیں گے ؟

۷۸۔ سورۃ النباء

۱۔ یہ لوگ کس چیز کے بارے میں پوچھتے ہیں

۲۔ کیا بڑی خبر کے بارے میں؟

۳۔ جس میں یہ اختلاف کر رہے ہیں

۴۔ دیکھو یہ عنقریب جان لیں گے

۵۔ پھر دیکھو یہ عنقریب جان لیں گے

۶۔ کیا ہم نے زمین کو بچھونا نہیں بنایا؟

۷۔ اور پہاڑوں کو (اس کی) میخیں نہیں ٹھہرایا؟

۸۔ بیشک بنایا اور تم کو جوڑا جوڑا بھی بنایا

۹۔ اور نیند کو تمہارے لیے آرام کا ذریعہ بنایا۔

۱۰۔ اور رات کو پردہ مقرر کیا

۱۱۔ اور دن کو محنت کمائی کا ذریعہ بنا دیا

۱۲۔ اور تمہارے اوپر سات مضبوط آسمان بنائے

۱۳۔ اور آفتاب کا روشن چراغ بنایا۔

۱۴۔ اور بھرپور بادلوں سے موسلا دھار مینہ برسایا

۱۵۔ تاکہ اس سے اناج اور سبزہ پیدا کریں

۱۶۔ اور گھنے گھنے باغ

۱۷۔ بیشک فیصلے کا دن مقرر ہے

۱۸۔ جس دن صور پھونکا جائے گا تو تم لوگ گروہ در گروہ چلے آؤ گے

۱۹۔ اور آسمان کھولا جائے گا تو اس میں دروازے ہو جائیں گے

۲۰۔ اور پہاڑ چلائے جائیں گے اور وہ ریت ہو کر رہ جائیں گے

۲۱۔ بیشک دوزخ گھات میں ہے۔

۲۲۔ یعنی سرکشوں کا وہی ٹھکانا ہے

۲۳۔ اس میں وہ مدتوں پڑے رہیں گے۔

۲۴۔ وہاں نہ ٹھنڈک کا مزہ چکھیں گے نہ کچھ پینا نصیب ہو گا

۲۵۔ مگر گرم پانی اور بہتی پیپ

۲۶۔ یہ پورا پورا بدلہ ہے

۲۷۔ یہ لوگ آخرت کے حساب کی امید ہی نہیں رکھتے تھے

۲۸۔ اور ہماری آیتوں کو جھوٹ سمجھ کر جھٹلاتے رہتے تھے

۲۹۔ اور ہم نے ہر چیز کو لکھ کر ضبط کر رکھا ہے۔

۳۰۔ سو اب مزہ چکھو ہم تم پر عذاب ہی بڑھاتے جائیں گے

۳۱۔ بیشک پرہیزگاروں کے لیے کامیابی ہے

۳۲۔ یعنی باغ اور انگور

۳۳۔ اور ہم عمر نوجوان عورتیں

۳۴۔ اور شراب کے چھلکتے ہوئے گلاس

۳۵۔ وہاں نہ بیہودہ بات سنیں گے نہ جھوٹ خرافات

۳۶۔ یہ بدلہ ہوگا تیرے رب سے حساب سے دیا ہوا

۳۷۔ وہ جو آسمانوں اور زمین اور جو ان دونوں میں ہے سب کا مالک ہے۔ بڑا مہربان کسی کو اس سے بات کرنے کی ہمت نہ ہوگی

۳۸۔ جس دن روح اور فرشتے صف باندھ کر کھڑے ہوں گے تو کوئی بول نہ سکے گا مگر جس کو اللہ رحمن اجازت بخشے اور جو ٹھیک بات بولے۔

۳۹۔ یہ دن برحق ہے پس جو شخص چاہے اپنے رب کے پاس ٹھکانا بنا لے

۴۰۔ ہم نے تم کو عذاب سے جو عنقریب آنے والا ہے آگاہ کر دیا ہے، جس دن ہر شخص ان اعمال کو جو اس نے آگے بھیجے ہوں گے دیکھ لے گا اور کافر کہے گا کہ اے کاش میں مٹی ہوتا

۷۹۔ سورۃ النازعات

۱. ان فرشتوں کی قسم جو ڈوب کر کھینچ لیتے ہیں

۲. اور ان کی جو آسانی سے کھول دیتے ہیں

۳. اور ان کی جو تیرتے پھرتے ہیں

۴. پھر لپک کر آگے بڑھتے ہیں

۵. پھر دنیا کے کاموں کا انتظام کرتے ہیں

۶. کہ وہ دن آکر رہے گا جس دن زمین کو بھونچال آئے گا

۷. پھر اس کے پیچھے اور بھونچال آئے گا

۸. اس دن لوگوں کے دل خائف ہو رہے ہوں گے

۹. اور آنکھیں جھکی ہوئی

۱۰. (کافر) کہتے ہیں کیا ہم الٹے پاؤں پھر لوٹیں گے ؟

۱۱. بھلا جب ہم کھوکھلی ہڈیاں ہو جائیں گے تو پھر زندہ کیے جائیں گے ؟

۱۲. کہتے ہیں کہ یہ لوٹنا تو پھر نقصان کا ہے

۱۳. وہ تو صرف ایک ڈانٹ ہوگی

۱۴. اس وقت وہ سب میدان حشر میں آ جمع ہوں گے

۱۵. بھلا تم کو موسیٰ کی حکایت پہنچی ہے ؟

۱۶. جب ان کے رب نے ان کو پاک میدان طویٰ میں پکارا

۱۷. اور حکم دیا کہ فرعون کے پاس جاؤ وہ سرکش ہو رہا ہے

۱۸. اور اس سے کہو کیا تو چاہتا ہے کہ پاک ہو جائے

۱۹. اور میں تجھے تیرے رب کا راستہ بتاؤں تاکہ تجھے خوف پیدا ہو

۲۰. غرض انہوں نے اس کو بڑی نشانی دکھائی

۲۱. مگر اس نے جھٹلایا اور نہ مانا۔

۲۲. پھر لوٹ گیا اور تدبیریں کرنے لگا

۲۳. لوگوں کو اکٹھا کیا اور پکارا

۲۴. کہنے لگا کہ تمہارا سب سے بڑا مالک میں ہوں

۲۵. تو اللہ نے اس کو دنیا و آخرت دونوں کے عذاب میں پکڑ لیا۔

۲۶. جو شخص اللہ سے ڈر رکھتا ہے اس کے لیے اس میں عبرت ہے

۲۷.	بھلا تمہارا بنانا مشکل ہے یا آسمان کا؟ اسی نے اس کو بنایا
۲۸.	اس کی چھت کو اونچا کیا پھر اسے برابر کر دیا
۲۹.	اسی نے رات تاریک بنائی اور دن کو دھوپ نکالی
۳۰.	اور اس کے بعد زمین کو پھیلا دیا
۳۱.	اسی نے اس میں سے اس کا پانی نکالا اور چارہ اگایا
۳۲.	اور اس پر پہاڑوں کا بوجھ رکھ دیا
۳۳.	یہ سب کچھ تمہارے اور تمہارے چارپایوں کے فائدے کے لیے کیا
۳۴.	تو جب بڑی آفت آئے گی
۳۵.	اس دن انسان اپنے کاموں کو یاد کرے گا
۳۶.	اور دوزخ دیکھنے والوں کے سامنے نکال کر رکھ دی جائے گی
۳۷.	تو جس نے سرکشی کی
۳۸.	اور دنیا کی زندگی کو مقدم سمجھا
۳۹.	اس کا ٹھکانا دوزخ ہے
۴۰.	اور جو اپنے رب کے سامنے کھڑے ہونے سے ڈرتا اور جی کو خواہشوں سے روکتا رہا

۴۱. اس کا ٹھکانا بہشت ہے۔

۴۲. اے پیغمبر! لوگ تم سے قیامت کے بارے میں پوچھتے ہیں کہ وہ کب آئے گی؟

۴۳. سو تم اس کے ذکر سے کس فکر میں ہو؟

۴۴. اس کے آنے کا وقت تمہارے رب کو ہی معلوم ہے۔

۴۵. جو شخص اس سے ڈر رکھتا ہے تم تو اسی کو ڈر سنانے والے ہو

۴۶. جب وہ اس کو دیکھیں گے تو ایسا سوچیں گے کہ گویا دنیا میں صرف ایک شام یا صبح رہے تھے

۸۰۔ سورۃ عبس

۱.	وہ (نبی صلی اللہ علیہ وآلہ وسلم) ترش رو ہوئے اور منہ پھیر بیٹھے

۲.	کہ ان کے پاس ایک نابینا آیا

۳.	اور تم کو کیا خبر شاید وہ پاکیزگی حاصل کرتا ہے

۴.	یا سوچتا تو سمجھانا تیرا اس کے کام آتا

۵.	جو پرواہ نہیں کرتا

۶.	اس کی طرف تو تم توجہ کرتے ہو

۷.	حالانکہ اگر وہ نہ سنورے تو تم پر کچھ الزام نہیں

۸.	اور جو تمہارے پاس دوڑتا ہوا آیا

۹.	اور اللہ سے ڈرتا ہے۔

۱۰.	اس سے تم بے رخی کرتے ہو

۱۱.	دیکھو یہ قرآن نصیحت ہے

۱۲. پس جو چاہے اسے یاد رکھے

۱۳. قابل ادب ورقوں میں لکھا ہوا

۱۴. جو بلند مقام پر رکھے ہوئے اور پاک ہیں

۱۵. ایسے لکھنے والوں کے ہاتھوں میں

۱۶. جو سردار اور نیکوکار ہیں

۱۷. انسان ہلاک ہو جائے کیسا ناشکرا ہے

۱۸. اسے اللہ نے کس چیز سے بنایا

۱۹. نطفے سے بنایا پھر اس کا اندازہ مقرر کیا

۲۰. پھر اس کے لیے راستہ آسان کر دیا

۲۱. پھر اس کو موت دی پھر قبر میں دفن کروایا

۲۲. پھر جب چاہے گا اسے اٹھا کھڑا کرے گا

۲۳. کچھ شک نہیں کہ اللہ نے اسے جو حکم دیا اس نے اس پر عمل نہ کیا

۲۴. تو انسان کو چاہیے کہ اپنے کھانے کی طرف نظر کرے

۲۵. بیشک ہم ہی نے پانی برسایا

۲۶. پھر ہم ہی نے زمین کو چیرا پھاڑا

۲۷.	پھر ہم ہی نے اس میں اناج اگایا
۲۸.	اور انگور اور ترکاری
۲۹.	اور زیتون اور کھجوریں
۳۰.	اور گھنے گھنے باغ
۳۱.	میوے اور چارا
۳۲.	یہ سب کچھ تمہارے اور تمہارے چارپایوں کے لیے بنایا
۳۳.	تو جب قیامت کا غل مچے گا
۳۴.	اس دن آدمی اپنے بھائی سے دور بھاگے گا
۳۵.	اور اپنی ماں اور اپنے باپ سے
۳۶.	اور اپنی بیوی اور اپنے بیٹے سے
۳۷.	ہر شخص اس روز ایک فکر میں ہوگا جو اسے مصروفیت کے لیے بس کرے گی
۳۸.	اور کتنے منہ اس روز چمک رہے ہوں گے
۳۹.	خوش باش۔ (ہنستے مسکراتے) یہ نیکوکار ہیں
۴۰.	اور کتنے منہ ہوں گے جن پر گرد پڑ رہی ہوگی
۴۱.	اور سیاہی چڑھ رہی ہوگی۔

۴۲۔ یہ کفار بدکردار ہیں۔

۸۱۔ سورۃ التکویر

۱. جب سورج لپیٹ لیا جائے گا

۲. جب تارے بے نور ہو جائیں گے

۳. اور جب پہاڑ چلائے جائیں گے

۴. اور جب دس مہینے کی حاملہ اونٹنیاں اپنے حال پر چھوڑ دی جائیں گی

۵. اور جب وحشی جانور سمیٹ کر جمع کیے جائیں گے

۶. اور جب دریا آگ ہو جائیں گے

۷. اور جب روحیں بدنوں سے ملا دی جائیں گی

۸. اور جب اس لڑکی سے جو زندہ دفنا دی گئی ہو پوچھا جائے گا

۹. کہ وہ کس گناہ پر مار دی گئی

۱۰. اور جب عملوں کے دفتر کھولے جائیں گے

۱۱. اور جب آسمان کی کھال کھینچ لی جائے گی

۱۲. اور جب دوزخ کی آگ بھڑکائی جائے گی

۱۳. اور جب بہشت قریب لائی جائے گی

۱۴. تب ہر شخص معلوم کرے گا کہ وہ کیا لے کر آیا ہے

۱۵. ہم کو ان ستاروں کی قسم جو پیچھے ہٹتے ہیں

۱۶. اور جو سیر کرتے اور غائب ہو جاتے ہیں

۱۷. اور رات کی قسم جب ختم ہونے لگتی ہے

۱۸. اور صبح کی قسم جب نمودار ہوتی ہے

۱۹. کہ بیشک یہ قرآن فرشتہ عالی مقام کی زبان کا پیغام ہے

۲۰. جو صاحب عرش قوت والے کے ہاں اونچے درجہ والا ہے

۲۱. سردار اور امانت دار ہے

۲۲. اور مکہ والو! تمہارے رفیق (محمد صلی اللہ علیہ وآلہ وسلم) دیوانے نہیں ہیں

۲۳. بیشک انہوں نے اس فرشتے کو آسمان کے کھلے یعنی شرقی کنارے پر دیکھا ہے

۲۴. اور وہ پوشیدہ باتوں کے ظاہر کرنے میں بخیل نہیں

۲۵. اور یہ شیطان مردود کا کلام نہیں

۲۶. پھر تم کدھر جا رہے ہو

۲۷۔   یہ تو جہان کے لوگوں کے لیے نصیحت ہے

۲۸۔   یعنی اس کے لیے جو تم میں سے سیدھی چال چلنا چاہے

۲۹۔   اور تم کچھ بھی نہیں چاہ سکتے مگر وہی جو اللہ رب العالمین چاہے

۸۲۔ سورہ الانفطار

۱. جب آسمان پھٹ جائے گا

۲. اور جب تارے جھڑ پڑیں گے۔

۳. اور جب دریا بہہ کر ایک دوسرے سے مل جائیں گے

۴. اور جب قبریں اکھیڑ دی جائیں گی

۵. تب ہر شخص معلوم کرے گا کہ اس نے آگے کیا بھیجا تھا اور پیچھے کیا چھوڑا تھا

۶. اے انسان تجھے کس چیز نے اپنے رب کریم کی طرف سے دھوکہ میں ڈال دیا؟

۷. وہی تو ہے جس نے تمہیں بنایا اور تیرے اعضاء کو ٹھیک کیا اور تیرے بدن کو مناسب رکھا

۸. اور جس صورت میں چاہا تمہیں جوڑ دیا

۹. مگر افسوس کہ تم لوگ جزا کے دن کو جھٹلاتے ہو

۱۰. حالانکہ تم پر نگہبان مقرر ہیں

۱۱۔ عالی قدر تمہاری باتوں کے لکھنے والے

۱۲۔ جو تم کرتے ہو وہ اسے جانتے ہیں

۱۳۔ بیشک نیکوکار نعمتوں کی بہشت میں ہوں گے

۱۴۔ اور بد کردار دوزخ میں

۱۵۔ یعنی جزا کے دن اس میں داخل ہوں گے

۱۶۔ اور اس سے چھپ نہیں سکیں گے

۱۷۔ اور تمہیں کیا معلوم کہ جزا کا دن کیسا ہے

۱۸۔ پھر تمہیں کیا معلوم کہ جزا کا دن کیسا ہے

۱۹۔ جس روز کوئی کسی کا کچھ بھلا نہ کر سکے گا۔ اور حکم اس روز اللہ ہی کا ہو گا

۸۳۔ سورۃ المطففین

۱۔ ناپ اور تول میں کمی کرنے والوں کے لیے خرابی ہے

۲۔ جو لوگوں سے ناپ کر لیں تو پورا لیں

۳۔ اور جب انہیں ناپ کر یا تول کر دیں تو کم دیں

۴۔ کیا یہ لوگ نہیں جانتے کہ اٹھائے بھی جائیں گے

۵۔ یعنی ایک بڑے سخت دن میں

۶۔ جس دن تمام لوگ رب العالمین کے سامنے کھڑے ہوں گے

۷۔ سن لو کہ برے لوگوں کے اعمال سجین میں ہیں

۸۔ اور تم کیا جانتے ہو کہ سجین کیا ہے

۹۔ دفتر ہے لکھا ہوا

۱۰۔ اس دن جھٹلانے والوں کی خرابی ہے

۱۱۔ یعنی جو انصاف کے دن کو جھٹلاتے ہیں

۱۲. اور اس کو جھٹلاتا وہی ہے جو حد سے نکل جانے والا گنہگار ہے

۱۳. جب اس کو ہماری آیتیں سنائی جاتی ہیں تو کہتا ہے یہ تو اگلے لوگوں کے افسانے ہیں

۱۴. دیکھو یہ جو اعمال بد کرتے ہیں ان کا ان کے دلوں پر زنگ بیٹھ گیا ہے۔

۱۵. بیشک یہ لوگ اس روز اپنے رب کے دیدار سے اوٹ میں ہوں گے

۱۶. پھر دوزخ میں جا داخل ہوں گے

۱۷. پھر ان سے کہا جائے گا کہ یہ وہی چیز ہے جسے تم جھٹلاتے تھے

۱۸. یہ بھی سن رکھو کہ نیکو کاروں کے اعمال علیین میں ہیں

۱۹. اور تم کو کیا معلوم کہ علیین کیا چیز ہے

۲۰. ایک دفتر ہے لکھا ہوا۔

۲۱. جس کے پاس مقرب فرشتے حاضر رہتے ہیں

۲۲. بیشک نیک لوگ چین سے ہوں گے

۲۳. تختوں پر بیٹھے ہوئے نظارے کریں گے

۲۴. تم ان کے چہروں ہی سے راحت کی تازگی معلوم کر لو گے

۲۵. ان کو شراب خالص سر بمہر پلائی جائے گی

۲۶. جس کی مہر مشک پر ہوگی تو نعمتوں کے شائقین کو چاہیے کہ اسی سے رغبت کریں

۲۷. اس میں تسنیم کے پانی کی آمیزش ہوگی

۲۸. وہ ایک چشمہ ہے. جس میں سے اللہ کے مقرب پیئں گے

۲۹. جو گنہگار یعنی کفار ہیں وہ دنیا میں مومنوں سے ہنسی کیا کرتے تھے

۳۰. اور جب ان کے پاس سے گزرتے تو حقارت سے اشارے کرتے

۳۱. اور جب اپنے گھر کو لوٹتے تو اتراتے ہوئے لوٹتے

۳۲. اور جب ان مومنوں کو دیکھتے تو کہتے یہ تو گمراہ ہیں

۳۳. حالانکہ وہ ان پر نگران بنا کر نہیں بھیجے گئے تھے

۳۴. تو آج (روز آخر) مومن کافروں سے ہنسی کریں گے

۳۵. اور تختوں پر بیٹھے ہوئے ان کا حال دیکھ رہے ہوں گے

۳۶. کیا کفار کو ان کے عملوں کا پورا پورا بدلہ مل گیا

۸۴۔ سورۃ الانشقاق

۱.   جب آسمان پھٹ جائے گا

۲.   اور اپنے رب کا حکم بجالائے گا اور اسے یہی واجب بھی ہے

۳.   اور جب زمین ہموار کر دی جائے گی

۴.   اور اپنے اندر سے سب کچھ نکال کر باہر ڈال دے گی اور بالکل خالی ہو جائے گی

۵.   اور اپنے رب کے حکم کی تعمیل کرے گی اور اس کو لازم بھی یہی ہے تو قیامت واقع ہو جائے گی

۶.   اے انسان تو اپنے رب کی طرف پہنچنے میں خوب کوشش کرتا ہے سو اس سے جا ملے گا۔

۷.   تو جس کا نامہ اعمال اس کے داہنے ہاتھ میں دیا جائے گا

۸.   اس سے حساب کتاب لیا جائے گا

۹.   اور وہ اپنے لوگوں کے پاس خوش خوش آئے گا

۱۰۔ اور جس کا نامہ اعمال اس کی پیٹھ کے پیچھے سے دیا جائے گا

۱۱۔ وہ موت کو پکارے گا

۱۲۔ اور دوزخ میں داخل ہوگا

۱۳۔ یہ اپنے اہل و عیال میں مست رہتا تھا

۱۴۔ اور سوچتا تھا کہ اللہ کی طرف پھر کر نہ جائے گا

۱۵۔ کیوں نہیں! اس کا رب اس کو دیکھتا تھا

۱۶۔ مجھے شام کی سرخی کی قسم

۱۷۔ اور رات کی اور ان کی جو چیزیں اس میں سمٹ آتی ہیں

۱۸۔ اور چاند کی جب پورا ہو جائے۔

۱۹۔ کہ تم درجہ بدرجہ رتبہ عالی کو چڑھو گے

۲۰۔ تو ان لوگوں کو کیا ہوا ہے کہ ایمان نہیں لاتے

۲۱۔ اور جب ان کے سامنے قرآن پڑھا جاتا ہے تو سجدہ نہیں کرتے۔

۲۲۔ بلکہ کافر جھٹلاتے ہیں

۲۳۔ اور اللہ ان باتوں کو خوب جانتا ہے جن کو یہ اپنے دلوں میں چھپاتے ہیں

۲۴۔ تو ان کو دکھ دینے والے عذاب کی خبر سنا دو

۲۵۔ ہاں جو لوگ ایمان لائے اور نیک عمل کرتے رہے ان کے لیے بے انتہا اجر ہے

۸۵۔ سورۃ البروج

۱۔ آسمان کی قسم جس میں برج ہیں

۲۔ اور اس دن کی جس کا وعدہ ہے

۳۔ اور حاضر ہونے والے کی اور جو اس کے پاس حاضر کیا جائے اس کی

۴۔ کہ خندقوں کے کھودنے والے ہلاک کر دئیے گئے

۵۔ یعنی آگ کی خندقیں جن میں ایندھن جھونک رکھا تھا

۶۔ جب کہ وہ ان کے کناروں پر بیٹھے ہوئے تھے

۷۔ اور جو سختیاں اہل ایمان پر کر رہے تھے ان کو سامنے دیکھ رہے تھے

۸۔ ان کو مومنوں کی یہی بات بری لگتی تھی کہ وہ اللہ پر ایمان لائے ہوئے تھے جو غالب اور تعریفوں کے قابل ہے۔

۹۔ جس کی آسمانوں اور زمین میں بادشاہت ہے اور اللہ ہر چیز سے واقف ہے

۱۰۔ جن لوگوں نے مومن مردوں اور مومن عورتوں کو تکلیفیں دیں اور توبہ نہ کی ان کو دوزخ کا اور عذاب بھی ہوگا اور جلنے کا عذاب بھی ہوگا

۱۱۔ اور جو لوگ ایمان لائے اور نیک کام کرتے رہے ان کے لیے باغات ہیں جن کے نیچے نہریں بہہ رہی ہیں۔ یہی بڑی کامیابی ہے

۱۲۔ بیشک تمہارے رب کی پکڑ بہت سخت ہے

۱۳۔ وہی پہلی دفعہ پیدا کرتا ہے اور وہی دوبارہ زندہ کرے گا

۱۴۔ اور بخشنے والا اور محبت کرنے والا ہے

۱۵۔ عرش کا مالک بڑی شان والا

۱۶۔ جو چاہتا ہے کر دیتا ہے۔

۱۷۔ بھلا تم کو لشکروں کا حال معلوم ہے

۱۸۔ یعنی فرعون اور ثمود کا

۱۹۔ لیکن کافر جان بوجھ کر تکذیب میں گرفتار ہیں

۲۰۔ اور اللہ بھی ان کو چاروں طرف سے گھیرے ہوئے ہے

۲۱۔ یہ (کتاب) قرآن بلند پایہ ہے

۲۲۔ اس لوح محفوظ میں

۸۶۔ سورۃ الطارق

۱۔ آسمان اور رات کے وقت آنے والے کی قسم

۲۔ اور تم کو کیا معلوم کہ رات کے وقت آنے والا کیا ہے؟

۳۔ وہ تارا ہے چمکنے والا۔

۴۔ کہ کوئی متنفس نہیں جس پر نگہبان مقرر نہیں۔

۵۔ تو انسان کو دیکھنا چاہیے کہ وہ کاہے سے پیدا ہوا ہے

۶۔ وہ اچھلتے ہوئے پانی سے پیدا ہوا ہے

۷۔ جو پیٹھ اور سینے کے درمیان میں سے نکلتا ہے۔

۸۔ بیشک اللہ اس کو دوبارہ پیدا کر سکتا ہے

۹۔ جس دن دلوں کے بھید جانچے جائیں گے

۱۰۔ تو انسان کی کچھ پیش نہ چل سکے گی اور نہ کوئی اس کا مددگار ہو گا

۱۱۔ آسمان کی قسم جو مینہ برساتا ہے۔

۱۲۔ اور زمین کی قسم جو پھٹ جاتی ہے۔

۱۳۔ کہ یہ کلام حق کو باطل سے جدا کرنے والا ہے

۱۴۔ اور یہ کوئی ہنسی کی بات نہیں

۱۵۔ یہ لوگ تو اپنی تدبیروں میں لگ رہے ہیں۔

۱۶۔ اور ہم اپنی تدبیر کر رہے ہیں

۱۷۔ تو تم کفار کو مہلت دو بس چند روز ہی مہلت دو

۸۷۔ سورۃ الاعلیٰ

۱۔ اے پیغمبر اپنے رب اعلیٰ کے نام کی تسبیح کرو

۲۔ جس نے پیدا کیا پھر اس نے ٹھیک کیا

۳۔ جس نے تقدیر بنائی پھر راہ دکھائی

۴۔ اور جس نے چارہ اگایا

۵۔ پھر اس کو سیاہ رنگ کا کوڑا کر دیا۔ (سیلاب میں تبدیل کر دیا)

۶۔ ہم تمہیں پڑھا دیں گے کہ تم فراموش نہ کرو گے

۷۔ مگر جو اللہ چاہے وہ کھلے کو بھی جانتا ہے اور چھپے کو بھی جانتا ہے

۸۔ ہم تم کو آسان طریقے کی توفیق دیں گے

۹۔ سو جہاں تک نصیحت کے فائدہ مند ہونے کی امید ہو نصیحت کرتے رہو۔

۱۰۔ جو خوف رکھتا ہے وہ تو نصیحت پکڑے گا

۱۱۔ اور بے خوف بد نصیب اس (نصیحت) سے لا تعلقی۔ (لاپرواہی) کرے گا

۱۲۔ جو قیامت کو بڑی تیز آگ میں داخل ہوگا

۱۳۔ پھر وہاں نہ مرے گا نہ جیئے گا

۱۴۔ بیشک وہ مراد کو پہنچ گیا جو پاک ہوا

۱۵۔ اور اپنے رب کے نام کا ذکر کرتا رہا۔ اور نماز پڑھتا رہا

۱۶۔ مگر تم لوگ تو دنیا کی زندگی کو اختیار کرتے ہو

۱۷۔ حالانکہ آخرت کا گھر بہتر ہے اور باقی رہنے والا ہے

۱۸۔ یہی بات پہلے صحیفوں میں لکھی گئی ہے

۱۹۔ یعنی ابراہیمؑ اور موسیٰؑ کے صحیفوں میں

۸۸۔ سورۃ الغاشیۃ

۱. تمہیں کچھ خبر پہنچی اس ڈھانپ لینے والی کی

۲. کتنے چہرے اس دن ذلیل

۳. سخت محنت کرنے والے تھکے ماندے ہوں گے

۴. دہکتی آگ میں داخل ہوں گے

۵. کھولتے ہوئے چشمے کا ان کو پانی پلایا جائے گا

۶. اور خاردار جھاڑ کے علاوہ ان کے لیے کوئی کھانا نہ ہوگا

۷. جو نہ موٹا کرے اور نہ بھوک مٹائے

۸. اور بہت چہرے اس دن ترو تازہ ہوں گے

۹. اپنی کمائی سے راضی

۱۰. بہشت بریں میں

۱۱. وہاں کسی طرح کی لغویات نہیں سنیں گے

١٢. اس میں چشمے بہہ رہے ہوں گے

١٣. وہاں اونچے بچھے ہوئے تخت ہوں گے

١٤. اور آبخورے قرینے سے رکھے ہوئے۔

١٥. اور گاؤ تکیے لگے ہوئے

١٦. اور مخمل کے گدے جا بجا بچھے ہوئے

١٧. یہ لوگ اونٹ کی طرف نہیں دیکھتے کہ کیسے عجیب بنائے گئے ہیں

١٨. اور آسمان کی طرف کہ کیسے بلند کیا گیا ہے

١٩. اور پہاڑوں کی طرف کہ کس طرح گاڑے گئے ہیں

٢٠. اور زمین کی طرف کہ کس طرح بچھائی گئی ہے

٢١. تو تم نصیحت کرتے رہو کہ تم نصیحت کرنے والے ہی ہو

٢٢. تم ان پر داروغہ نہیں ہو

٢٣. ہاں جس نے منہ پھیرا اور نہ مانا۔

٢٤. تو اللہ اس کو بڑا عذاب دے گا

٢٥. بیشک ان کو ہمارے پاس لوٹ کر آنا ہے

٢٦. پھر ہم ہی کو ان سے حساب لینا ہے

۸۹۔ سورۃ الفجر

۱. فجر کی قسم

۲. اور دس راتوں کی

۳. اور جفت اور طاق کی

۴. اور رات کی جب جانے لگے

۵. بیشک یہ چیزیں عقلمندوں کے نزدیک قسم کھانے کے لائق ہیں کہ (کافروں کو ضرور عذاب ہوگا)

٦. کیا تم نے نہیں دیکھا کہ عادوالوں کے ساتھ تمہارے رب نے کیا کیا

۷. جوارم کہلاتے تھے اتنے دراز قد

۸. کہ تمام ملک میں ایسے پیدا نہیں ہوئے تھے۔

۹. اور ثمود کے ساتھ کیا کیا جو وادی قریٰ میں پتھر تراشتے اور گھر بناتے تھے

۱۰. اور فرعون کے ساتھ کیا کیا جو خیمے اور میخیں رکھتے تھے

۱۱۔ یہ لوگ ملکوں میں سرکش ہورہے تھے

۱۲۔ اور ان میں بہت سی خرابیاں کرتے تھے

۱۳۔ تو تمہارے رب نے ان پر عذاب کا کوڑا (برسایا) نازل کیا

۱۴۔ بیشک تمہارا رب تاک میں ہے

۱۵۔ مگر انسان عجیب و غریب ہے کہ جب اس کا رب اسے آزماتا ہے تو اسے عزت دیتا ہے اور نعمت بخشتا ہے تو کہتا ہے آہا میرے رب نے مجھے عزت بخشی

۱۶۔ اور جب دوسری طرح آزماتا ہے تو اس پر روزی تنگ کر دیتا ہے تو کہتا ہے کہ ہائے میرے رب نے مجھے ذلیل کیا

۱۷۔ نہیں بلکہ تم لوگ یتیم کی خاطر نہیں کرتے

۱۸۔ اور نہ مسکین کو کھانا کھلانے کی ترغیب دیتے ہو

۱۹۔ اور میراث کے مال سمیٹ کر کھا جاتے ہو

۲۰۔ اور مال کو بہت زیادہ عزیز رکھتے ہو

۲۱۔ تو جب زمین کی بلندی کوٹ کوٹ کر پست کر دی جائے گی

۲۲۔ اور تمہارا رب جلوہ افروز ہوگا اور فرشتے قطار در قطار موجود ہوں گے

۲۳. اور دوزخ اس دن حاضر کی جائے گی تو انسان اس دن متنبہ ہوگا مگر اب سوچنے کا کیا فائدہ

۲۴. کہے گا کاش میں نے اپنی ہمیشہ والی زندگی کے لیے کچھ آگے بھیجا ہوتا

۲۵. پھر اس دن اللہ کے عذاب جیسا کوئی عذاب نہ ہوگا

۲۶. اور نہ کوئی ویسا جکڑنا جکڑے گا

۲۷. اے اطمینان پانے والی روح!

۲۸. اپنے رب کی طرف لوٹ چل۔ تو اس سے راضی وہ تجھ سے راضی

۲۹. تو میرے بندوں میں شامل ہو جا

۳۰. اور میری بہشت میں داخل ہو جا۔

۹۰ ۔ سورۃ البلد

۱۔ میں قسم کھاتا ہوں اس شہر کی

۲۔ اور آپ اس شہر کو حلال کرنے والے ہیں

۳۔ باپ اور اس کی اولاد کی قسم

۴۔ ہم نے انسان کو مشقت میں پیدا کیا ہے

۵۔ کیا اس کا خیال ہے کہ اس پر کسی کا بس نہ چلے گا

۶۔ کہتا ہے کہ میں نے ڈھیروں مال خرچ کر ڈالا ہے

۷۔ کیا وہ یہ سوچتا ہے کہ اس کو کسی نے نہیں دیکھا۔

۸۔ بھلا ہم نے اسے دو آنکھیں نہیں دیں؟

۹۔ اور زبان و دو ہونٹ نہیں دئیے

۱۰۔ اور خیر و شر کے دو راستے بھی دکھا دئیے۔

۱۱۔ مگر وہ گھاٹی پر سے ہو کر نہ گزرا

۱۲۔ اور تم کیا سمجھے کہ گھاٹی کیا ہے؟

۱۳۔ کسی کی گردن کا چھڑانا۔

۱۴۔ بھوک کے دن کھانا کھلانا

۱۵۔ یتیم رشتہ دار کو

۱۶۔ یا فقیر خاکسار کو۔

۱۷۔ پھر ان لوگوں میں بھی داخل ہوا جو ایمان لائے اور لوگوں کو صبر اور رحم کی نصیحت کرتے ہیں

۱۸۔ یہی لوگ دائیں طرف والے ہیں

۱۹۔ اور جنہوں نے ہماری آیتوں کو نہ مانا وہ بائیں طرف والے ہیں

۲۰۔ یہ لوگ آگ میں بند کر دئیے جائیں گے

۹۱۔ سورۃ الشمس

۱. سورج کی قسم اور اس کی روشنی کی

۲. اور چاند کی جو اس کے بعد نکلے

۳. اور دن کی جب اسے چمکا دے

۴. اور رات کی جب اسے ڈھانک لے

۵. اور آسمان کی اور اس ذات کی جس نے اسے بنایا

۶. زمین کی اور جس نے اسے بنایا پھیلایا

۷. اور انسان کی اور اس کی جس نے اس کے اعضاء کو برابر کیا

۸. پھر اس کو بدکاری سے بچنے اور پرہیزگاری اختیار کرنے کی سمجھ دی

۹. کہ جس نے اپنے نفس یعنی روح کو پاک رکھا وہ مراد کو پہنچا

۱۰. اور جس نے اسے خاک میں ملایا وہ خسارے میں رہا

۱۱. قوم ثمود نے اپنی سرکشی کے سبب پیغمبر کو جھٹلایا

۱۲۔   جب ان میں سے ایک نہایت بدبخت اٹھا

۱۳۔   تو اللہ کے پیغمبر (صالحؑ) نے ان سے کہا کہ اللہ کی اونٹنی اور اس کے پانی پینے کی باری سے خبردار رہو

۱۴۔   مگر انہوں نے پیغمبر کو جھٹلایا اور اونٹنی کی کونچیں کاٹ دیں تو اللہ نے اس کے سبب ان پر عذاب نازل کیا اور سب کو ہلاک کر کے برابر کر دیا

۱۵۔   اور اس کو (اللہ کو) ان سے بدلہ لینے کا کچھ بھی ڈر نہیں۔

۹۲۔ سورۃ اللیل

۱. رات کی قسم جو دن کو چھپا لے

۲. اور دن کی قسم جو چمک اٹھے

۳. اس ذات کی قسم جس نے نر اور مادہ پیدا کئے

۴. کہ تم لوگوں کی کوشش مختلف کی ہے

۵. تو جس نے اللہ کے رستے میں مال دیا اور پرہیز گاری کی۔

۶. اور نیک بات کو سچ جانا

۷. اس کو ہم آسان طریقے کی توفیق دیں گے

۸. اور جس نے بخل کیا اور بے پرواہ بنا رہا۔

۹. اور نیک بات کو جھوٹ سمجھا

۱۰. اسے سختی میں پہنچائیں گے

۱۱. اور جب گڑھے میں گرے گا تو اس کا مال اس کے کچھ بھی کام نہ آئے گا

۱۲. ہمیں تو راہ دکھا دینا ہے۔

۱۳. آخرت اور دنیا ہماری ہی چیز ہیں

۱۴. سو میں نے تم کو بھڑکتی آگ سے خبردار کر دیا

۱۵. اس میں وہی داخل ہو گا جو بڑا بد بخت ہے

۱۶. جس نے جھٹلایا اور منہ پھیر لیا

۱۷. اور جو پرہیزگار ہے اسے بچا لیا جائے گا

۱۸. جو مال دیتا ہے پاکیزہ ہونے کی خاطر

۱۹. اور اس لیے نہیں دیتا کہ اس پر کسی کا احسان ہے جس کا وہ بدلہ اتارتا ہے۔

۲۰. بلکہ اپنے رب اعلی کی رضامندی حاصل کرنے کے لیے دیتا ہے

۲۱. اور وہ عنقریب خوش ہو جائے گا

۹۳۔ سورۃ الضحیٰ

۱۔ آفتاب کی روشنی کی قسم

۲۔ اور رات کی تاریکی کی جب چھپ جائے۔

۳۔ (اے نبی ﷺ!) تمہارے رب نے نہ تو تمہیں چھوڑا اور نہ تم سے ناراض ہوا

۴۔ اور آخرت تمہارے لیے پہلی حالت یعنی دنیا سے کہیں بہتر ہے

۵۔ اور تمہیں رب العزت عنقریب وہ کچھ دے گا کہ تم خوش ہو جاؤ گے

۶۔ بھلا اس نے تمہیں یتیم پا کر جگہ نہیں دی؟ بیشک دی ہے۔

۷۔ رستہ سے ناواقف دیکھا تو رستہ دکھایا۔

۸۔ تنگ دست پایا تو غنی کر دیا۔

۹۔ تو تم بھی یتیم پر ظلم نہ کرنا

۱۰۔ اور مانگنے والے کو جھڑکی نہ دینا

۱۱۔ اور اپنے رب کی نعمتوں کا بیان کرتے رہنا

۹۴۔ سورۃ الشرح / الانشراح

۱۔ (اے نبی ﷺ!) کیا ہم نے تیرا سینہ کھول نہیں دیا؟ (بیشک کھول دیا ہے)۔

۲۔ اور تم پر سے بوجھ بھی اتار دیا

۳۔ جس نے تمہاری پیٹھ توڑ رکھی تھی

۴۔ اور تمہارا ذکر بلند کیا

۵۔ البتہ مشکل کے ساتھ آسانی ہے

۶۔ اور بیشک مشکل کے ساتھ آسانی ہے

۷۔ تو جب فارغ ہوا کرو تو عبادت میں محنت کیا کرو

۸۔ اور اپنے رب کی طرف متوجہ ہو جایا کرو

۹۵۔ سورۃ التین

۱۔ انجیر کی قسم اور زیتون کی

۲۔ اور طور سینین کی

۳۔ اور اس امن والے شہر کی

۴۔ کہ ہم نے انسان کو بہت اچھی صورت میں پیدا کیا ہے

۵۔ پھر رفتہ رفتہ اس کی حالت کو بدل کر پست سے پست کر دیا

۶۔ مگر جو لوگ ایمان لائے اور نیک عمل کرتے رہے ان کے لیے بے انتہا اجر ہے

۷۔ تو اے آدم زاد! پھر تو جزا کے دن کو کیوں جھٹلاتا ہے؟

۸۔ کیا اللہ سب سے بڑا حاکم نہیں ہے؟

۹۶۔ سورۃ العلق

۱. پڑھ اپنے رب کے نام سے جو سب کا بنانے والا ہے

۲. جس نے انسان کو خون کی پھٹکی سے بنایا۔ (جمے ہوئے خون)۔

۳. پڑھو اور تمہارا رب بڑا کریم ہے

۴. جس نے قلم کے ذریعے علم سکھایا

۵. اور انسان کو وہ باتیں سکھائیں جن کا اس کو علم نہ تھا

۶. مگر انسان سرکش ہو جاتا ہے

۷. جب کہ خود کو غنی دیکھتا ہے

۸. کچھ شک نہیں کہ اس کو تمہارے رب ہی کی طرف لوٹ کر جانا ہے

۹. بھلا تم نے اس شخص کو دیکھا جو منع کرتا ہے

۱۰. یعنی ایک بندے کو جب وہ نماز پڑھنے لگتا ہے۔

۱۱. بھلا دیکھو تو اگر یہ راہ راست پر ہو

۱۲.	یا پرہیز گاری کا حکم کرے تو۔ (منع کرنا کیسا)

۱۳.	اور دیکھ تو نے اگر جھٹلایا اور منہ موڑا۔

۱۴.	کیا اس کو معلوم نہیں کہ اللہ دیکھتا ہے۔ (دیکھ رہا ہے)

۱۵.	دیکھو اگر وہ باز نہ آئے گا تو ہم اس کی پیشانی کے بال پکڑ کر گھسیٹیں گے

۱۶.	یعنی اس جھوٹے خطا کار کی پیشانی کے بال

۱۷.	تو وہ اپنے دوستوں کو بلا لے

۱۸.	ہم بھی عذاب کے فرشتوں کو بلا لیں گے

۱۹.	دیکھو اس کا کہا نہ ماننا اور سجدہ کرنا اور قربِ الٰہی حاصل کر لو

۹۷۔ سورۃ القدر

۱۔ ہم نے اسے اتارا شب قدر میں۔

۲۔ اور تمہیں کیا معلوم کہ شب قدر کیا ہے؟

۳۔ شب قدر ہزار مہینوں سے بہتر ہے

۴۔ اس میں فرشتے اور روح اترتے ہیں اپنے رب کے حکم سے۔

۵۔ یہ رات طلوع صبح تک امان اور سلامتی ہے

۹۸۔ سورة البینہ

۱. جو لوگ کافر ہیں اہل کتاب اور مشرک وہ کفر سے باز رہنے والے نہ تھے جب تک ان کے پاس کھلی دلیل نہ آتی

۲. یعنی اللہ کے پیغمبر جو پاک اوراق پڑھتے ہیں

۳. جن میں مستحکم آیات لکھی ہوئی ہیں

۴. اور اہل کتاب دلیل آنے کے بعد متفرق ہوئے ہیں

۵. اور ان کو حکم تو یہی ہوا تھا کہ خلوص دل سے اللہ کی عبادت کریں یکسو ہو کر نماز پڑھیں زکوٰۃ دیں کہ یہی سچا دین ہے

۶. اور جو لوگ کافر ہیں یعنی اہل کتاب اور مشرک وہ دوزخ کی آگ میں پڑیں گے اور ہمیشہ اس میں رہیں گے یہ لوگ تمام مخلوق سے بدتر ہیں

۷. اور جو لوگ ایمان لائے اور نیک عمل کرتے رہے وہ تمام مخلوقات سے بہتر ہیں۔

۸.	ان کا بدلہ ان کے رب کے پاس ہمیشہ رہنے کے باغ ہیں جن کے نیچے نہریں بہہ رہی ہیں وہ ہمیشہ ہمیشہ کے لیے وہاں رہیں گے۔ اللہ ان سے خوش اور وہ اللہ سے خوش یہ اجر اس کے لئے ہے جو اپنے رب سے ڈرتا ہے۔

۹۹۔ سورۃ الزلزلہ

۱.   جب زمین زلزلہ سے ہلا دی جائے گی
۲.   اور زمین اپنے اندر کے بوجھ نکال ڈالے گی
۳.   اور انسان کہے گا کہ اس کو کیا ہوا؟
۴.   اس روز وہ اپنے حالات بیان کر دے گی
۵.   کیونکہ تمہارے رب نے اس کو حکم بھیجا ہوگا
۶.   اس دن لوگ گروہوں میں آئیں گے تاکہ ان کو ان کے اعمال دکھا دیئے جائیں
۷.   تو جس نے ذرہ بھر نیکی کی ہوگی وہ اس کو دیکھ لے گا
۸.   اور جس نے ذرہ بھر برائی کی ہوگی وہ اس کو دیکھ لے گا

۱۰۰۔ سورۃ العادیات

۱.   ان سر پٹ دوڑنے والوں۔ (گھوڑوں) کی قسم جو ہانپ اٹھتے ہیں

۲.   پھر۔ (پتھروں پر نعل مار کر) آگ نکالتے ہیں

۳.   پھر صبح کو چھاپہ مارتے ہیں

۴.   پھر اس میں گرد اٹھاتے ہیں

۵.   پھر اس وقت دشمن کی فوج میں جا گھستے ہیں۔

۶.   کہ انسان اپنے رب کا احسان فراموش اور ناشکرا ہے

۷.   اور وہ اس سے آگاہ بھی ہے

۸.   وہ تو مال سے سخت محبت کرنے والا ہے

۹.   کیا وہ اس وقت کو نہیں جانتا کہ جب۔ (مُردے) قبروں سے نکال لیے جائیں گے

۱۰. اور دلوں کے بھید ظاہر کر دئیے جائیں گے

۱۱. بیشک ان کا رب اس روز ان سے خوب واقف ہوگا

۱۰۱۔ سورۃ القارعۃ

۱. کھڑکھڑانے والی۔ (القارعہ کا لفظی مطلب ہے ٹھونکنے والی)

۲. کھڑکھڑانے والی کیا ہے ؟

۳. اور تم کیا جانو کہ کھڑکھڑانے والی کیا ہے

۴. (وہ قیامت ہے) جس دن لوگ ایسے ہوں گے جیسے بکھرے ہوئے پتنگے۔

۵. اور پہاڑ ایسے ہو جائیں گے جیسے دھنکی ہوئی رنگ برنگ کی اون

۶. تو جس کے اعمال کے وزن بھاری ہوں گے

۷. وہ دلپسند عیش میں ہو گا

۸. اور جس کے وزن ہلکے نکلیں گے

۹. تو اس کا ٹھکانا گڑھا ہو گا

۱۰. اور تم کیا سمجھے کہ گڑھا کیا چیز ہے

۱۱. وہ دہکتی ہوئی آگ ہے

۱۰۲۔ سورۃ التکاثر

۱۔ لوگو! تم کو مال کی زیادہ طلب نے غافل کر دیا

۲۔ یہاں تک کہ تم نے قبریں جا دیکھیں

۳۔ دیکھو تمہیں عنقریب معلوم ہو جائے گا

۴۔ دیکھو تمہیں عنقریب معلوم ہو جائے گا

۵۔ اگر تم جانتے۔ (یعنی) علم الیقین رکھتے تو غفلت نہ کرتے۔

۶۔ تم ضرور دوزخ کو دیکھو گے

۷۔ پھر اس کو ایسا دیکھو گے کہ عین الیقین ہو جائے گا

۸۔ پھر اس دن تم سے آرام کی حقیقت پوچھیں گے۔

۱۰۳۔ سورۃ العصر

۱۔ عصر کی قسم

۲۔ کہ انسان نقصان میں ہے

۳۔ مگر وہ لوگ جو ایمان لائے اور نیک کام کرتے رہے آپس میں حق بات کی تلقین اور صبر کی تاکید کرتے رہے

۱۰۴۔ سورۃ الھمزہ

۱. خرابی ہے ہر طعنہ دینے والے کی

۲. جو مال جمع کرتا اور اس کو گن گن کر رکھتا ہے

۳. اور خیال کرتا ہے کہ اس کا مال اس کی ہمیشہ کی زندگی کے ساتھ رہے گا

۴. ہرگز نہیں وہ ضرور حطمہ میں ڈالا جائے گا

۵. اور تمہیں کیا معلوم حطمہ کیا ہے

۶. وہ اللہ کی بھڑکائی ہوئی آگ ہے

۷. جو دلوں پر جا لپٹے گی

۸. اور وہ اس میں بند کر دیئے جائیں گے

۹. لمبے لمبے ستونوں میں

۱۰۵۔ سورۃ الفیل

۱. کیا تم نے نہیں دیکھا کہ تمہارے رب نے ہاتھی والوں کے ساتھ کیا کیا

۲. کیا ان کا داؤ غلط نہیں کر دیا؟

۳. اور ان پر غول کے غول پرندے بھیجے

۴. جو ان پر پتھر کی کنکریاں پھینکتے تھے

۵. تو ان کو ایسا کر دیا جیسے کھایا ہوا بھس

۱۰۵۔ سورۃ القریش

۱۔ کیونکہ قریش مانوس ہوئے
۲۔ جاڑے اور گرمی کے سفر سے مانوس ہوئے
۳۔ لوگوں کو چاہیے کہ اس نعمت کے شکر میں اس گھر کے مالک کی عبادت کریں
۴۔ جس نے ان کو بھوک میں کھانا کھلایا اور خوف سے امن بخشا

۱۰۷۔ سورۃ الماعون

۱. بھلا تم نے اس شخص کو دیکھا جو روز جزا کو جھٹلاتا ہے

۲. یہ وہی بدبخت ہے جو یتیم کو دھکے دیتا ہے

۳. اور فقیر کو کھانا کھلانے کے لیے ترغیب نہیں دیتا

۴. تو ایسے نمازیوں کی خرابی ہے

۵. جو نماز کی طرف سے غافل رہتے ہیں

۶. جو ریاکاری کرتے ہیں

۷. اور برتنے کی چیزیں عاریتاً نہیں دیتے

۱۰۸۔ سورۃ الکوثر

۱.   بیشک ہم نے تجھے (نبی ﷺ!) کوثر دی

۲.   تو اپنے رب کے لیے نماز پڑھا کرو اور قربانی کیا کرو

۳.   بیشک تمہارا دشمن ہی جڑ کٹا ہے

۱۰۹۔ سورۃ الکافرون

۱۔ تو کہہ دو اے منکرو!

۲۔ جن بتوں کو تم پوجتے ہو ان کو میں نہیں پوجتا۔

۳۔ اور جس اللہ کی میں عبادت کرتا ہوں اس کی تم عبادت نہیں کرتے۔

۴۔ اور میں نہ اسے پوجتا ہوں جسے تم نے پوجا

۵۔ اور نہ تم اس کی بندگی کرنے والے ہو جس کی میں بندگی کرتا ہوں

۶۔ تمہارے لیے تمہارا دین اور میرے لیے میرا دین

۱۱۰۔ سورۃ النصر

۱. جب اللہ کی مدد آ پہنچی اور فتح حاصل ہو گئی

۲. اور تم نے دیکھ لیا کہ لوگ غول در غول دین خدا میں داخل ہو رہے ہیں

۳. تو اپنے رب کی تعریف کے ساتھ تسبیح کرو اور اس سے مغفرت مانگو بیشک وہ معاف کرنے والا ہے

۱۱۱۔ سورۃ لہب/المسد

۱۔ ابولہب کے ہاتھ ٹوٹ گئے اور وہ نامراد ہو گیا

۲۔ اس کا مال اور اعمال اس کے کسی کام نہ آئے

۳۔ وہ جلد بھڑکتی ہوئی آگ میں داخل ہو گا

۴۔ اور اس کی جورو بھی جو سر پر ایندھن اٹھائے پھرتی ہے

۵۔ اس کے گلے میں مونج کی رسی ہو گی

۱۱۲۔ سورۃ الاخلاص

۱۔ تو کہہ وہ اللہ ایک ہے

۲۔ اللہ بے نیاز ہے

۳۔ نہ اس نے کسی کو جنا ہے اور نہ وہ کسی سے جنا گیا ہے

۴۔ اور کوئی اس کا ہمسر نہیں

۱۱۳۔ سورۃ الفلق

۱۔ کہو میں پناہ مانگتا ہوں صبح کے رب کی

۲۔ ہر چیز کی بدی سے جو اس نے پیدا کی

۳۔ اور اندھیری رات کی برائی سے جب اس کا اندھیرا چھا جائے

۴۔ اور گنڈوں پر پڑھ پڑھ کر پھونکنے والیوں کی برائی سے

۵۔ اور حسد کرنے والے کی برائی سے جب وہ حسد کرے

۱۱۴۔ سورۃ الناس

۱. کہو کہ میں لوگوں کے رب کی پناہ مانگتا ہوں

۲. لوگوں کے حقیقی بادشاہ کی

۳. لوگوں کے معبود برحق کی

۴. شیطان وسوسے ڈالنے والے کی برائی سے جو اللہ کا نام سن کر پیچھے ہٹ جاتا ہے۔

۵. جو لوگوں کے دلوں میں وسوسے ڈالتا ہے۔

۶. خواہ وہ جنات سے ہوں یا انسانوں میں سے

***